Inhaltsverzeichnis

 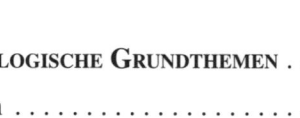

EINLEITUNG

Phänomenologie ist die Bezeichnung einer der maßgeblichen philosophischen Strömungen des 20. Jahrhunderts. Edmund Husserl wird meist als ihr Gründer genannt; als wesentliche Vertreter ließen sich – neben anderen – Philosophen wie Max Scheler, Martin Heidegger, Aron Gurwitsch, Roman Ingarden, Alfred Schütz, Jean-Paul Sartre, Maurice Merleau-Ponty, Emmanuel Lévinas, Paul Ricoeur, Jacques Derrida, Michel Henry und Jean-Luc Marion anführen. Da nahezu die gesamte deutsch-französischen Philosophie, darunter Denker wie Theodor W. Adorno, Jacques Lacan, Hans-Georg Gadamer, Michel Foucault und Jürgen Habermas, unter ihrem Einfluss stand und (kritisch) zu ihr Stellung bezogen hat, und die Phänomenologie darüber hinaus als entscheidende Voraussetzung und ständiger Diskussionspartner einer Anzahl späterer Theoriebildungen betrachtet werden muss – sei es nun die Hermeneutik, der Existenzialismus oder die Dekonstruktion –, lässt sie sich mit einigem Recht als der Eckstein der – etwas irreführend – so genannten Kontinentalphilosophie betrachten.

Das wissenschaftstheoretische Verdienst der Phänomenologie zeigt sich vor allem auf vier Gebieten: 1. Die Phänomenologie bietet eine ganze Reihe erkenntnis- und wissenschaftstheoretischer Analysen verhältnismäßig formeller und technischer Art, wie z.B. Analysen von Begriffen wie Wahrheit, Evidenz, Begründung, Fundierung, Auslegung, Intuition, Vorverständnis, Endlichkeit usw.[1] 2. Mit ihrem maßgeblichen Modell der menschlichen Existenz, das das Subjekt als leiblich, sozial und kulturell eingebettetes In-der-Welt-sein versteht, liefert die Phänomenologie einen Rahmen für die Entfaltung der Human- und Sozialwissenschaften. 3. Durch ihre scharfe Kritik von wissenschaftstheoretischen Positionen wie

---

[1] Für eine Diskussion der fachspezifischen Begriffe s. Pietersma 1999 und Zahavi 2003.

Eliminativismus, Objektivismus und Szientizismus kann die Phänomenologie dazu beitragen, die positiven Wissenschaften von einigen sehr verbreiteten pseudowissenschaftlichen Theorieresten zu befreien. 4. Schließlich bietet die Phänomenologie konkrete Analysen, die für eine ganze Reihe empirischer Wissenschaften relevant sind: Analysen des ästhetischen Text- und Bildverständnisses (Roman Ingarden, Mikel Dufrenne), von Stadtplanung und Architektur (Christian Norberg-Schulz), von Wahnvorstellungen und Ich-Störungen (Eugène Minkowski, Wolf Blankenburg, Louis Sass), des Mutter-Kind-Verhältnisses (Käte Meyer-Drawe), der Begegnung mit fremden Kulturen (Bernhard Waldenfels) und der Etablierung sozialer Strukturen (Alfred Schütz, Peter L. Berger und Thomas Luckmann, Harold Garfinkel).[2]

Die Phänomenologie hat nicht nur einen bedeutenden Einfluss auf eine Anzahl konkreter Wissenschaften ausgeübt, sie tut es auch noch und ist gerade heute wieder Gegenstand eines erneuten Interesses. Es wäre keinesfalls übertrieben, von einer phänomenologischen Renaissance zu sprechen.

Obgleich nahezu alle späteren Phänomenologen jeweils auf ihre Weise von Husserls ursprünglichem Programm Abstand genommen haben, und obgleich sich die Phänomenologie in mancher Hinsicht zu einer äußerst heterogenen Bewegung entwickelt hat, gibt es weiterhin viele durchgängige Grundthemen – und auf eben diese Grundthemen konzentriert sich die folgende Darstellung.

Der erste Teil des Buches diskutiert allgemeine methodologische Motive, nämlich den Phänomenbegriff der Phänomenologie, ihre Betonung der Ersten-Person-Perspektive, ihr Bestehen auf der Bedeutung von methodologischer Reflexion, ihre Forderung, zu den Sachen selbst zurückzugehen, und schließlich ihre Analyse der Lebenswelt. Ein näherer Blick auf Merleau-Pontys Vorwort zu seinem Hauptwerk *Phénoménologie de la perception* rundet den ersten Teil ab. Das Vorwort versucht nämlich eine kurzgefasste Antwort auf die Fra-

---

[2]   Das Literaturverzeichnis am Ende des Buches gibt genauere Hinweise zu den Werken der angeführten Verfasser.

ge zu geben: „Was ist Phänomenologie?" Da Merleau-Ponty nicht nur Husserls, sondern ebenfalls Heideggers Einsichten aufgreift und weiterführt, ist sein Vorwort das Beispiel einer nuancierten und abgewogenen Beantwortung dieser Frage.

Der zweite Teil des Buches widmet sich der vertiefenden Darstellung besonderer Probleme. Zunächst sollen zwei Beispiele konkreter phänomenologischer Analysen vorgestellt werden. Es handelt sich dabei zum einen um die Analyse des Verhältnisses von Leib und Raum, zum anderen um die Analyse der Intersubjektivität. Einige Überlegungen zum Verhältnis der Phänomenologie zur Soziologie schließen den zweiten Teil ab.

Der Anhang enthält kurze Biographien der fünf wichtigsten Vertreter der Phänomenologie, von Husserl, Heidegger, Sartre, Merleau-Ponty und Lévinas.

TEIL I

METHODOLOGISCHE GRUNDTHEMEN

KAPITEL 1
DAS PHÄNOMEN

Beginnen wir mit einer kurzen Erläuterung des phänomenologischen Phänomenbegriffes. Wörtlich bedeutet Phänomenologie die Wissenschaft von den Phänomenen. Aber was hat
man nun unter dem Wort *Phänomen* zu verstehen? Umgangs-
sprachlich wird es gern im Gegensatz zu anderen Begriffen
verwandt: Phänomen vs. Wesen, Phänomen vs. physische
Wirklichkeit. Das Phänomen ist, wie sich der Gegenstand
unmittelbar zeigt, wie er *scheinbar* ist. Folgt man diesem üblichen Verständnis, ist es naheliegend zu behaupten, man müsse das bloß Phänomenale überschreiten, um aufdecken zu
können, was der Gegenstand in Wahrheit sei. Das Phänomen
wäre dann, wie uns der Gegenstand erscheint, wie er sich
unserem Blick darstellt, nicht wie er an sich ist. Würde die
Phänomenologie nun einen solchen Phänomenbegriff verwenden, wäre sie nichts anderes als eine Wissenschaft vom bloß
Subjektiven, Scheinbaren oder Oberflächlichen. Das ist sie
aber keinesfalls. Wie Heidegger im § 7 von *Sein und Zeit*
ausführlich darlegt, muss man das Phänomen als die Erscheinungsweise des Gegenstandes selbst verstehen. Das Phänomen ist das, was von sich selbst her erscheint – das, was sich
manifestiert, was sich offenbart. Ganz allgemein lässt sich die
Phänomenologie also als eine philosophische Analyse der verschiedenen Erscheinungsweisen der Gegenstände begreifen
und im Anschluss daran als eine reflexive Untersuchung der
Verstehensstrukturen, die es den Gegenständen ermöglichen,
sich als das zu zeigen, was sie sind.

Ein wichtiges Verdienst der Phänomenologie stellt ihre
Katalogisierung der verschiedenen Phänomentypen dar. Es
bestehen wesentliche Unterschiede zwischen den Erscheinungsweisen z.B. eines physischen Dinges, eines Gebrauchsgegenstandes, eines Kunstwerkes, einer Melodie, eines Sach-
verhaltes, einer Zahl, eines Tieres oder einer sozialen Relation.

Dabei kann derselbe Gegenstand natürlich auch selbst auf sehr verschiedene Weise erscheinen: von dieser oder jener Seite, in schwacher oder starker Beleuchtung, als wahrgenommener, phantasierter oder erinnerter, als festgestellter, bezweifelter oder mitgeteilter. Der Gegenstand kann mehr oder minder direkt gegeben, mehr oder minder *gegenwärtig* sein. Ich kann von einer eingegangenen Eiche sprechen, die ich zwar niemals gesehen, von der ich aber gehört habe, sie stehe im Garten hinter dem Haus, ich kann eine detaillierte Zeichnung *von* der Eiche betrachten, und ich kann sie selbst wahrnehmen. Ich kann davon reden, wie furchtbar es für Obdachlose sein muss, die Nacht auf der Strasse zu verbringen, ich kann mir einen Fernsehbeitrag zum Thema ansehen, ich kann es auch selbst erleben. Es lässt sich hier von verschiedenen epistemischen (erkenntnismäßigen) Niveaus sprechen. Die niedrigste oder ärmste Erscheinungsweise eines Gegenstandes bilden die signitiven Akte. Diese (Sprach-)Akte haben natürlich eine Referenz, der Gegenstand selbst ist aber nicht auf eine anschauliche Weise gegeben. Die imaginativen Akte sind zwar anschaulichen Inhalts, haben darüber hinaus aber mit den signitiven Akten gemein, den Gegenstand nur *indirekt* zu intendieren: Der signitive Akt intendiert den Gegenstand über eine zufällige Repräsentation (Zeichen), der imaginative Akt über eine Repräsentation (Bild), die eine gewisse Ähnlichkeit mit dem Objekt besitzt. Erst die Wahrnehmung bietet uns den Gegenstand direkt dar, erst sie präsentiert uns den Gegenstand selbst „in eigener Person" (Husserl 1984: 646; 1976: 90f). Wie Husserl sagt, sind alle *re*präsentierenden (vergegenwärtigenden) Akte abgeleitete Akte, die auf die eigentliche Präsentation (Gegenwärtigung) als diejenige Erscheinungsform verweisen, die den Gegenstand am besten, unmittelbarsten und ursprünglichsten darbietet. Statt die Erscheinung des Gegenstandes als etwas Unwesentliches und bloß Subjektives zu betrachten, als etwas, das keiner näheren Untersuchung wert ist, besteht die Phänomenologie also gerade auf den entscheidenden philosophischen Wert dieser Untersuchung.

Kennzeichnend für die Phänomenologie ist also die Auffassung, dass die Welt, wie sie uns erscheint – sei es in der Wahrnehmung, im praktischen Umgang oder in wissenschaftlichen Analysen –, die einzig wirkliche Welt sei. Darauf zu bestehen, dass es außerdem auch eine dieser zugrunde liegende Welt gäbe, eine Welt, die eine jede Erscheinung, jede erfahrungsmäßige und begriffliche Evidenz transzendiere, und diese Welt die wahre Wirklichkeit bilde, würde von Phänomenologen nicht nur als eine leere spekulative Behauptung betrachtet werden, die jeglicher phänomenologischer Evidenz entbehre; sie wären auch der Meinung, dass eine solche Behauptung einen entscheidenden Kategorienfehler beinhalte, eine Fehlanwendung des Begriffes einer wirklichen Welt als solcher. Die Phänomenologie verwirft also ganz kategorisch, was man eine Zwei-Welten-Lehre nennen könnte: die Unterscheidung zwischen der Welt, wie sie uns erscheint, und der Welt, wie sie an sich ist.

Phänomenologen möchten keineswegs die Distinktion zwischen Erscheinung und Wirklichkeit aufheben (gewisse Arten der Erscheinung sind trotz allem irreführend, täuschend, blendend), nur handelt es sich für sie nicht um zwei getrennte Regionen, sondern um eine interne Unterscheidung, die zur erscheinenden Welt als solcher gehört. Es handelt sich also um eine Distinktion zwischen der Art und Weise, wie die Gegenstände einem flüchtigen Blick erscheinen können, und wie sie unter den günstigsten Umständen, z.B. im Licht einer sorgfältigen wissenschaftlichen Untersuchung, erscheinen. Die Realität des Gegenstandes wird nicht *vor* oder *hinter* seiner Erscheinung gesucht, so als würde diese Erscheinung den wirklichen Gegenstand irgendwie verbergen.

Die Phänomenologie ist also nicht eine Theorie der *bloßen* Erscheinung, oder anders gesagt: Phänomene sind nicht *bloße* Phänomene. Wie ein Gegenstand erscheint, ist nicht unwesentlich für den Gegenstand selbst. Möchte man die wirkliche Beschaffenheit eines Gegenstandes erfassen, sollte man die Weise, auf die er erscheint oder sich manifestiert, ins Auge fassen – sei es nun in der Sinneserfahrung oder in der wissenschaftlichen Analyse. Die eigentliche Wesensart des Gegenstandes ist also nicht irgendwo hinter den Phänomenen verborgen, sondern entfaltet sich gerade *in* ihnen. Wie Heidegger

bemerkt, wäre es phänomenologisch unsinnig zu behaupten,
hinter den Phänomenen befände sich etwas Fundamentaleres,
das diese lediglich repräsentierten (Heidegger 1979: 118).
Während der Naturwissenschaftler gemeinhin das Phänomen
als etwas bloß Subjektives verstehen wird, oder als einen
Schleier, der die objektive Wirklichkeit verhüllt, wird der Phänomenologe darauf beharren, dass man es mit den Dingen
selbst zu tun hat, wenn und insofern sie Phänomene für einen
sind, also insofern sie einem erscheinen, man sie erfährt, versteht oder erkennt.

KAPITEL 2
DIE BEDEUTUNG DER ERSTEN-PERSON-PERSPEKTIVE

Phänomenologen haben durchweg die Bedeutung der Ersten-Person-Perspektive betont. Damit tritt die Phänomenologie in Opposition zum sogenannten Objektivismus, der allgemein bemüht war, das menschliche Subjekt in der Wissenschaft zu eliminieren. Aber woher stammt dieses Interesse an der Struktur der Subjektivität (der menschlichen Existenz, des Selbst, des Daseins)? Woher dieser Wunsch einer Beschreibung und Bestandsaufnahme der wesentlichen Züge der Subjektivität und ihres Zusammenhanges untereinander? Würde die phänomenologische Untersuchung der Ersten-Person-Perspektive einen Zweck an sich darstellen, wäre die Phänomenologie eine Art philosophischer Psychologie oder philosophischer Anthropologie. Das Interesse der Phänomenologie an der Subjektivität ist jedoch nicht psychologischer oder anthropologischer Natur. Der entscheidende Punkt ist nicht die verhältnismäßig triviale Tatsache, dass man zum Verständnis mentaler Phänomene die Erste-Person-Perspektive mit einbeziehen muss. Vielmehr ist die Analyse *transzendentalphilosophisch* ausgerichtet und betrifft die Bedingungen der Möglichkeit der Erfahrung und Erkenntnis als solcher.

Die These lautet folgendermaßen: Wenn man die prinzipiellen Bedingungen der Erkenntnis, der Wahrheit, des Sinns, der Bedeutung, der Begründung usw. verstehen möchte, bildet die Einbeziehung der Ersten-Person-Perspektive eine unerlässliche Voraussetzung. Anders gesagt: Wenn die Phänomenologen so sehr damit beschäftigt waren, die grundlegenden Eigenschaften der Subjektivität zu beschreiben und zu analysieren, darunter auch die Wesensart ihrer Intentionalität (Gegenstandsgerichtetheit), ihre Leiblichkeit, ihre Zeitlichkeit, ihre Historizität, ihre intersubjektive (soziale und gesellschaftliche) Verankerung usw., dann waren sie es aus der Überzeugung heraus, dass eine erschöpfende Untersuchung der Phänomene, der erscheinenden Welt, notwendigerweise die Subjektivität berücksichtigen muss. Das heißt nicht, dass man, um die Welt zu verstehen, zunächst die Subjektivität untersuchen muss, um erst dann – und auch nur indirekt – zur Welt vorstoßen zu können. Der Gedanke ist eher, dass jedes Phänomen, jedes Erscheinen eines Gegenstandes, immer ein Erscheinen *von* etwas *für* jemanden darstellt. Wenn man verstehen möchte, wie körperliche Gegenstände, mathematische Modelle, chemische Prozesse, soziale Verhältnisse, kulturelle Produkte als das erscheinen können, was sie sind, und zwar mit der Bedeutung, die sie haben, dann muss man zwangsläufig das Subjekt oder die Subjekte mit einbeziehen, denen sie erscheinen. Hat man es mit erscheinenden Gegenständen zu tun, mit Gegenständen, die vorgestellt, erfahren, beurteilt, geschätzt, bewertet, verstanden, erinnert werden usw., wird man auch auf die Intentionalitätsformen gelenkt, auf die Vorstellungs-, Perzeptions-, Urteils- und Wertakte, auf die die erscheinenden Gegenstände notwendigerweise bezogen sind.

Ein einfaches Beispiel mag den Gedankengang veranschaulichen. Nehmen wir an, ich betrete ein Zimmer, in dem ein brauner, zerschlissener Koffer steht. Der Koffer wird mir unweigerlich auf eine bestimmte Weise erscheinen – z.B. perspektivisch. Ich kann nämlich niemals den ganzen Koffer auf einmal erkennen (Vorderseite, Rückseite, Unterseite, Oberseite, Innenseite), sondern jeweils nur ein bestimmtes der verschiedenen möglichen Profile des Koffers. Der Koffer erscheint ferner in einer bestimmten Beleuchtung, er erscheint vor einem bestimmten Hintergrund, und schließlich erscheint er natürlich auch in einem bestimmten Kontext und mit einem bestimmten Sinn. Je nach meinen früheren Erfahrungen und jetzigen Interessen wird der Koffer somit z.B. als Reiseausstattung erscheinen, als Behälter zum Aufbewahren von alten Briefen, als Veranschaulichung der These, dass alle Dinge auch eine Kehrseite haben, als Erinnerung an Ellis Island, als Symbol der Deportationen in den Vierziger Jahren. Mit anderen Worten kann ich mich zu dem einen und selben Koffer auf eine ganze Anzahl von verschiedenen Weisen verhalten, sowohl praktisch als auch theoretisch. Will man verstehen, wie der Koffer auf diese verschiedenen Weisen erscheinen kann, muss man notwendigerweise das intentionale Subjekt berücksichtigen, dem der Koffer erscheint. Es ist ja gerade das Subjekt, genauer das leibliche Subjekt, das die Perspektive anlegt, in der der Gegenstand erscheint.

Die Phänomenologie macht uns auf das Erscheinen des Gegenstandes aufmerksam. Aber sie bringt uns nicht allein die Gegebenheit des Gegenstandes zu Bewusstsein, sondern auch das subjektive Korrelat seiner Erscheinung und damit die Art der Intentionalität, die am Werk ist und den Gegenstand erscheinen lässt, wie es jeweils der Fall ist. Untersuchen wir erscheinende Gegenstände, zeigen wir uns auch selbst als diejenigen, denen der Gegenstand erscheint. Thema der phänomenologischen Analysen ist somit keineswegs ein weltloses Subjekt, ebenso wenig wie die Phänomenologie das Bewusstsein auf Kosten der Welt thematisiert. Ganz im Gegenteil gilt das Interesse der Phänomenologie dem Bewusstsein, gerade weil es den Bereich bildet, in dem die Welt erscheint.

Mit ihren Phänomenanalysen möchte die Phänomenologie über die Subjekt/Objekt-Dichotomie hinausdenken, um so gerade den Zusammenhang zwischen Welt und Subjektivität zu untersuchen. Damit trägt sie zu einer Überwindung der herkömmlichen Unterscheidung zwischen Erkenntnistheorie und Ontologie bei. Die traditionelle Erkenntnistheorie setzt eine klare Trennung von Subjekt und Welt voraus. Ihr entscheidendes Problem wird somit die Frage, wie sich die beiden verbinden lassen: Wie können wir zur Umwelt hinausgelangen, wie kann die Welt in unser Bewusstsein eindringen. Umgekehrt versucht die herkömmliche Ontologie die Wirklichkeit aus „a view from nowhere" zu beschreiben, d.h. sie möchte eine absolut nicht-perspektivische Darstellung der Wirklichkeit liefern, die weder die Subjektivität noch die verschiedenen Arten des Erscheinens berücksichtigt. Die phänomenologische Untersuchung der Phänomene befasst sich jedoch mit einem Feld, das eine Analyse unserer Verstehens- und Erfahrungsweise erlaubt und gleichzeitig ermöglicht, neues

Licht auf die Objekte selbst und ihre Erscheinungsweise zu
werfen. Das ist zweifellos auch der Grund für Heideggers
These in *Sein und Zeit*, dass Ontologie nur als Phänomenologie möglich ist, und dass die Analyse des menschlichen In-
der-Welt-seins der Schlüssel zu jeder weiteren ontologischen
Untersuchung bildet (Heidegger 1986: 35ff).

Ganz allgemein behaupten Phänomenologen, dass die Welt
nicht einfach etwas bloß Vorhandenes ist. Die Welt erscheint,
und die Struktur ihrer Erscheinung ist bedingt und ermöglicht
vom Subjekt, das sich seinerseits jedoch nur in seinem Verhältnis zur Welt verstehen lässt. Das Verhältnis zwischen Welt
und Subjektivität ist kein kontingentes Verhältnis, das sich
etwa mit dem Verhältnis zwischen zwei Bauklötzen verglichen ließe, die zusammenhängen können, sich aber auch trennen lassen. Das Subjekt lässt sich nur in seinem Verhältnis zur
Welt verstehen, und umgekehrt können wir der Welt nur Sinn
geben, insofern sie einem Subjekt erscheint und von ihm verstanden wird. Vor diesem Hintergrund kann Husserl erklären,
dass die Wirklichkeit nicht etwas bloß Vorhandenes ist, das
völlig unabhängig von jedem Erfahrungskontext, von jedem
konzeptuellen Netzwerk existiert. Dahingegen bildet die
Wirklichkeit einen Geltungs- und Bedeutungszusammenhang,
welcher der Subjektivität, d.h. einer erfahrungsmäßigen und
begrifflichen Perspektive bedarf, um sich manifestieren und
entfalten zu können. Deshalb kann Husserl auch schreiben,
dass es ebenso widersinnig wäre, von einer absoluten (also
eigenständigen, subjektunabhängigen) Wirklichkeit zu sprechen, wie von einem runden Viereck (Husserl 1976: 120). Das
mag nach philosophischem Idealismus klingen. Die entscheidende These, die bei sämtlichen Phänomenologen anklingt,
lässt sich jedoch auch negativ formulieren. Es handelt sich
hauptsächlich um die Ablehnung eines Objektivismus, der
behauptet, dass ein Verständnis der Wirklichkeit, Welt und
Wahrheit unter völligem Absehen von Subjektivität erlangt
werden könne und solle. Wie Merleau-Ponty in *Phénoménologie de la perception* schreibt, ist die Welt unabtrennbar vom
Subjekt, wie das Subjekt von der Welt (Merleau-Ponty 1945:
491f/1966: 489).

KAPITEL 3
DIE PHÄNOMENOLOGISCHE EPOCHÉ
UND REDUKTION

Die Aufgabe der Phänomenologie besteht in der Thematisierung und Erforschung der die Seins- und Wesensverfassung betreffenden philosophischen Grundfragen. Diese Untersuchung lässt sich jedoch nicht mit der gebotenen Radikalität durchführen, wenn man die eingebürgerten metaphysischen und erkenntnistheoretischen Grundannahmen, in denen wir befangen sind, und die von den meisten Wissenschaften mit der größten Selbstverständlichkeit gebilligt werden, einfach voraussetzt, sie akzeptiert und übernimmt.

Welche Grundannahmen sollten nun nach Husserl nicht ohne weiteres hingenommen werden? Die grundlegendste ist wohl unser stillschweigendes Vertrauen, dass es eine äußere Wirklichkeit gebe, von der wir selbst und andere Menschen einen Teil bilden, und dass diese Wirklichkeit völlig unabhängig von uns die Seinsweise und Wesensart besitzt, die sie nun einmal hat. Es handelt sich dabei um eine Annahme von so grundlegendem Charakter, dass sie nicht nur von den meisten positiven Wissenschaften geteilt wird – sie bestimmt nach Husserl auch unser vorphilosophisches Leben derart tiefgreifend, dass er sie geradezu die natürliche Einstellung nennen kann.

Ganz gleich jedoch, wie unmittelbar und natürlich die Annahme auch erscheinen mag, so wäre es philosophisch völlig unannehmbar, ihre Gültigkeit einfach vorauszusetzen. Vielmehr muss sie einer gründlichen Prüfung unterzogen werden. Husserl erklärt nun, dass uns eine einschneidende Entdeckung bevorsteht, wenn wir die natürliche Einstellung thematisieren und sie uns eben damit überhaupt erst als Einstellung bewusst machen. Wir werden dann nämlich entdecken, dass unsere Subjektivität nicht einfach einen Gegenstand unter anderen in der Welt darstellt, sondern ihr eigenes, ganz besonderes Sein besitzt. So lange wir nicht mit dem vorphilosophischen Leben gebrochen haben, in dem wir lediglich mit innerweltlichen Gegenständen und praktischen Tätigkeit beschäftigt sind, werden uns sowohl die Grundstrukturen der natürlichen Einstellung als auch die besonderen Merkmale unserer eigenen Subjektivität verborgen bleiben.

Die entscheidende Frage ist jedoch, wo eine unvoreingenommene philosophische Untersuchung anzusetzen hat. Husserls Antwort ist auf den ersten Blick sehr einfach. Die Untersuchung hat sich der Wirklichkeit zuzuwenden, und zwar so, wie sie erscheint, so, wie sie sich unserer Erfahrung zeigt, denn eben auf diese Erfahrung haben sich wohlbegründete Annahmen zu stützen. Dem Gegebenen sich zuzuwenden, ist jedoch leichter gesagt als getan – es verlangt einige methodologische Vorbereitungen. Um nicht nur die Naivität der natürlichen Einstellung, sondern auch verschiedene spekulative Hypothesen über die metaphysische Verfassung der Wirklichkeit zu meiden, ist es unerlässlich, unser Einverständnis mit der natürlichen Einstellung zu suspendieren. Wir behalten zwar die Einstellung bei (nämlich um sie untersuchen zu können), klammern jedoch ihre Gültigkeit ein. Dieses Manöver, bei dem wir darauf verzichten, unserer natürlichen Neigung zu folgen, wird als phänomenologische *Epoché* und *Reduktion* bezeichnet.

An diesem Punkt darf man auf gar keinen Fall missverstehen, worum es eigentlich geht. Die Ausübung der Epoché hat keineswegs zum Zweck, der Wirklichkeit den Rücken zu kehren, sie hinter sich zu lassen oder auszuschließen, sondern lediglich, eine bestimmte dogmatische Einstellung zur Welt zu suspendieren oder zu neutralisieren, um das Augenmerk ausdrücklich und direkt auf das phänomenologisch Gegebene zu lenken, auf die Objekte, und zwar genau so, wie sie erscheinen. Die Enthüllung des eigentlichen Seinssinnes der Wirklichkeit ist für Husserl einzig durch dieses Ansichhalten möglich, nur durch diese Suspension ist das Sein der Welt philosophisch zugänglich. Das Ziel des Vollzugs der Epoché besteht also darin, eine Untersuchung der Welt zu ermöglichen, die ihren eigentlichen Sinn zu enthüllen vermag (Husserl 1959: 457). In diesem Zusammenhang von *Sinn* zu reden, bedeutet keineswegs – was Husserl ganz ausdrücklich betont –, dass das *Sein* der Welt von der phänomenologischen Untersuchung außer Acht gelassen würde (Husserl 1959: 432). Bei der für Husserl unumgänglichen Ausschaltung der Welt handelt es sich im Grunde lediglich um die Ausschaltung einer voreingenommenen und letztlich inkonsistenten *Theorie* von der Welt. Vor diesem Hintergrund schreibt Husserl auch, dass es besser wäre, die Rede von der Ausschaltung der Welt zu meiden, da sie leicht zu dem Missverständnis verführe, dass die Welt nicht mehr einen Teil des phänomenologischen Untersuchungsfeldes bilde (Husserl 1959: 432).

In diesem Zusammenhang spricht Husserl auch von der *transzendentalen Reduktion*, und obgleich Epoché und Reduktion Aspekte einer und derselben Funktionseinheit bilden, bezeichnet Husserl die Epoché gelegentlich als die Möglichkeitsbedingung der Reduktion (Husserl 1962a: 154). Deswegen muss man die beiden Begriffe unterscheiden. Die *Epoché* ist die Bezeichnung für unsere Suspension der naiven metaphysischen Einstellung und kann somit als das Eingangstor zur Philosophie angesehen werden (Husserl 1962a: 260), während die *Reduktion* die Bezeichnung für unsere Thematisierung des Zusammenhanges von Subjektivität und Welt darstellt (Husserl 1973a: 61). Es handelt sich dabei um eine langwierige und schwierige Analyse. Sowohl die Epoché als auch die Reduktion lassen sich also als Momente einer transzendentalen Reflexion betrachten, die uns von unserem natürlichen Dogmatismus befreit und uns unseren eigenen konstitutiven (kognitiven und sinngebenden) Anteil zu Bewusstsein bringt. Der Vollzug der Epoché und Reduktion bedeutet nicht, auf die Möglichkeit einer Untersuchung der wirklichen Welt zu verzichten – sie bedeutet keinen Verlust. Ganz im Gegenteil ermöglicht die fundamentale Einstellungsänderung eine entscheidende Entdeckung und damit eine *Erweiterung* unserer Erfahrungssphäre (Husserl 1962a: 154; 1973a: 66). Selbst vergleicht Husserl den Vollzug der Epoché mit dem Übergang von einer zwei- zu einer drei-dimensionalen Welt (Husserl

1962a: 121ff): Plötzlich kommt die verborgene transzendentale Subjektivität zum Vorschein, also jene Instanz, die die Möglichkeitsbedingung einer jeglichen Erscheinung und Manifestation bildet. Die phänomenologische Einstellung macht uns die Gegebenheit des Gegenstandes bewusst. Aber auch wir selbst treten zutage als diejenigen, denen die Gegenstände erscheinen. Epoché und Reduktion entführen uns also nicht aus der Welt und ihren Gegenständen, sondern erlauben es uns gerade, sie auf neue und überraschende Weise zu erkunden, nämlich in ihrer Erscheinung oder Manifestation für das Bewusstsein.

Husserl hat wiederholt betont, dass man die Phänomenologie nicht im Mindesten verstanden habe, solange man Epoché und Reduktion nicht ernst nehme (Husserl 1971: 155; 1976: 200). In der phänomenologischen Literatur ist es jedoch äußerst umstritten, ob die Phänomenologen der zweiten Generation nun Husserls Vorschriften Folge geleistet oder die Epoché und Reduktion als entbehrliche oder sogar unphänomenologische Anstalten verworfen haben. Zwar lässt sich nicht leugnen, dass weder Heidegger noch Sartre oder Merleau-Ponty (um uns nur auf diese drei Hauptvertreter zu konzentrieren) allzu oft auf die Epoché und Reduktion zu sprechen kommen. Nichts desto minder kann es nicht als ausgemacht gelten, ob sie diese Begriffe nun ablehnen oder schlicht als selbstverständlich voraussetzen. Im Rahmen dieser Darstellung würde es zu weit führen, diese Frage erschöpfend beantworten zu wollen, immerhin mag man darauf hinweisen, dass Merleau-Ponty zu Beginn der *Phénoménologie de la perception* schreibt, dass Heideggers Analyse unseres In-der-Welt-seins Husserls phänomenologische Reduktion voraussetzt (Merleau-Ponty 1945: IX/1966: 11). Wie soeben gezeigt wurde, lassen sich die eigentliche Beschaffenheit der Subjektivität und ihre Sonderstellung überhaupt nur entdecken, wenn man mit der vorphilosophischen Naivität, also mit der natürlichen Einstellung, bricht. In Heideggers eigenen Werken stoßen wir auf ganz entsprechende Überlegungen. Nach Heidegger ist die menschliche Existenz durch ihre Tendenz zur Selbstvergessenheit und Selbstobjektivierung gekennzeichnet: Wir neigen dazu, unser Selbstverständnis von unserem Gegenstandsverständnis geprägt und gestaltet sein zu lassen. Dieselben Kategorien, die wir zur Beschreibung und Erklärung von innerweltlichen Gegenständen und Ereignissen gebrauchen, verwenden wir auch zum Verständnis unserer selbst. Gerade das ist jedoch das Problem, da wir somit unsere Subjektivität objektivieren und verdinglichen. Die Phänomenologie lässt sich geradezu als eine Kampfansage an diese nivellierende Selbstvergessenheit bezeichnen, und unter anderem deswegen kann Heidegger in *Sein und Zeit* erklären, dass die phänomenologische Untersuchung von einer gewissen *Gewaltsamkeit* charakterisiert ist, insofern die Enthüllung unseres je eigenen Seins in einer offenen Auseinandersetzung mit unserem natürlichen, vorphilosophischen Verständnis geschehen muss und den Bruch mit ihm voraussetzt (Heidegger 1986: 311). Husserl hätte sich ganz ähnlich ausdrücken können. Wenn Heidegger in seiner Vorlesung *Grundprobleme der Phänomenologie* selbst den Begriff der phänomenologischen Reduktion zur Bezeichnung für das Grundelement der phänomenologischen Methode verwendet, das uns von unserem naiven Umgang mit dem Seienden zum Sein selbst zurückführt, ist damit eine weitere Konvergenz angedeutet (Heidegger 1989: 29).[3]

---

[3]   Es sei jedoch erwähnt, dass Heidegger von Husserls eigenem Verständnis der phänomenologischen Reduktion ausdrücklich Abstand nimmt. Es ist allerdings fraglich, wie stichhaltig Heideggers Kritik eigentlich ist. Für eine nähere Erörterung von Heideggers Verhältnis zu Epoché und Reduktion s. Heidegger 1979: 136, Tugendhat 1970: 262ff, Caputo 1992 und insbesondere Courtine 1990: 207ff.

KAPITEL 4
ZU DEN SACHEN SELBST

Die Phänomenologie möchte zu den Sachen selbst zurückgehen. Husserls Schlagwort soll anzeigen, dass unsere Methodenwahl sachlich begründet werden muss. Unsere Untersuchung sollte kritisch und undogmatisch sein, metaphysische und wissenschaftliche Vorurteile scheuen. Sie sollte von dem faktisch Vorliegenden bestimmt sein – und nicht von dem, was von unserem theoretischen Standpunkt aus zu erwarten ist. Die Methode sollte im Gegenstand der Untersuchung ihren Ausgangspunkt nehmen und sich mit sachlicher Notwendigkeit aus ihm ergeben – also nicht einfach aus Ehrerbietung vor einem bestimmten Wissenschaftsideal angewendet werden. Wie Heidegger in seiner Schrift *Was ist Metaphysik?* ausführt, sollte wissenschaftliche Strenge nicht mit mathematischer Exaktheit identifiziert werden (Heidegger 1978a: 104). Mathematische Exaktheit als einzig gültiges Kriterium der Wissenschaftlichkeit vorauszusetzen und zu behaupten, jedes Gebiet, das sich nicht mit einer solchen Exaktheit beschreiben ließe, sei weniger wert oder gar weniger wirklich, wäre völlig unannehmbar.

Entsprechende Gedanken findet man auch bei Husserl, der z.B. in seiner *Formalen und transzendentalen Logik* davor warnt, sich von den Ideen und Methoden der exakten Wissenschaften blenden zu lassen, als wären sie absolute Norm, sowohl was gegenständliches Sein, als auch was Wahrheit anbelange (Husserl 1974: 284). Mit einem Gedanken, der an den späten Wittgenstein erinnert, macht Husserl darauf aufmerksam, dass dem Wissenschaftler zwar exaktere Maße als einem Obst- und Gemüsehändler zur Verfügung stehen, dass eben diese Exaktheit jedoch auch ihre eigenen Begrenzungen hat. Hat man ein Kilo Apfelsinen zu verkaufen, kann man mit einer Gewichtsangabe in Mikrogramm nichts Rechtes anfangen. Was passend und präzise genug ist, hängt vom jeweiligen Kontext ab und lässt sich nicht absolut bestimmen. Statt also vorgegebene Theorien unsere Erfahrung formen zu lassen, sollten umgekehrt die Theorien eher von unserer Erfahrung geleitet sein. Man muss die Sachen selbst zur Sprache kommen lassen, statt sich in mancherlei Spekulationen zu verausgaben. So Husserl in *Philosophie als strenge Wissenschaft*: „Die wahre Methode folgt der Natur der zu erforschenden Sachen, nicht aber unseren Vorurteilen und Vorbildern" (Husserl 1987: 26). „Es bedarf nicht der Forderung, mit eigenen Augen zu sehen, vielmehr: das Gesehene nicht unter dem Zwange der Vorurteile wegzudeuten" (Husserl 1987: 61).

Aber versteht sich diese Maxime nicht von selbst, ist sie nicht eine Trivialität, ein völlig unbestrittenes Prinzip? Keineswegs. Die Phänomenologie teilt z.B. nicht die sehr verbreitete Ergebenheit vor dem Ideal der Einheitswissenschaft und bestreitet die Vorstellung, dass alle Wissenschaften grundlegend dieselbe quantifizierende Methode der Naturwissenschaften anwenden sollten. Dahingegen erklärt die Phänomenologie, dass die Wirklichkeit aus einem Komplex verschiedenartiger Gegenstandsbereiche bestehe (man könnte z.B. Naturgegenstände, Kulturgegenstände, ideale Gegenstände nennen), und dass jeder dieser Bereiche durch seine eigene irreduzierbare Wesensart gekennzeichnet ist. Die Untersuchung dieser Bereiche hat ihre jeweilige Eigenart zu respektieren und sich einer Methodologie zu bedienen, die dem entsprechenden Feld angepasst ist (Heidegger 1978a: 48).

Noch ausdrücklicher ist die Phänomenologie in ihrer Kritik von verschiedenen Spielarten des Reduktionismus und Eliminativismus. Der wissenschaftliche *Reduktionismus* sieht sich von mehreren Richtlinien motiviert, unter ihnen jene, die unter der Bezeichnung „Ockhams Rasierklinge" bekannt ist: Man sollte nicht mehr Typen von Gegenständen (oder Gegenstandsfeldern) annehmen als absolut notwendig. Hat man die Wahl zwischen einerseits verschiedenen Theorien, die jeweils ihren eigenen (scheinbar) irreduzierbaren Wirklichkeitsbereich behandeln, und andererseits einer einzelnen Theorie, die reduktiv sämtliche Aspekte der Wirklichkeit erläutern und erklären kann, dann ist letztere vorzuziehen. Nicht nur auf Grund der theoretischen Befriedigung durch ein höheres Maß an Einheit, Systematik und Vereinfachung, sondern auch, weil man davon ausgeht, dass Reduktion als solche erklärungskräftig ist. Lässt sich ein bestimmter Gegenstandsbereich (eine bestimmte ontologische Region) auf einen anderen Gegenstandsbereich reduzieren, dann kann ersterer auch durch letzteren erklärt werden. Ein klassisches Beispiel bildet der Versuch, die Makroeigenschaften eines Gegenstandes – wie z.B. Temperatur, Auflösbarkeit, Transparenz oder Elastizität – durch seine Mikroeigenschaften, also seine molekulare Beschaffenheit, zu erklären.

Solchen Überlegungen gegenüber führt die Phänomenologie jedoch folgende Erwägung an: Hat die Reduktion und die damit gewonnene systematische Einheit und Einfachheit einen solchen Komplexitätsverlust zu Folge, dass die Phänomene nicht mehr zu ihrem Recht kommen, sondern lediglich wegerklärt werden als etwas, das im Grunde nichts anderes sei als …, dann ist der Preis ganz entschieden zu hoch. Vor die Wahl zwischen einem einfachen und systematisch zufriedenstellenden und einem phänomenadäquaten Modell gestellt, werden Phänomenologen jederzeit das letztere vorziehen (obgleich es freilich schön wäre, im Besitz beider zu sein).

Wichtiger jedoch ist die phänomenologische Kritik einiger philosophischer Annahmen, die häufig mit dem Reduktionismus verbunden sind. Eine gängige Behauptung lautet z.B., dass man die Frage: „Was ist X?" umzuformulieren habe in die Frage: „Wie lässt sich X auf Physik, Chemie, Neurophysiologie usw. reduzieren?" Hinzu kommt noch die Annahme, dass nur unter der Voraussetzung einer Antwort auf diese Frage, also nur, wenn ein Phänomen sich tatsächlich reduzieren lässt, es sich mit Sicherheit ausmachen lasse, ob es auch tatsächlich existiere. Eine klassische Formulierung dieses Standpunktes gibt es bei Jerry Fodor:

> Es ist nicht recht einzusehen […], wie jemand im Bezug auf die Intentionalität Realist sein könnte, ohne nicht, in irgendeinem Maße,

auch Reduktionist zu sein. [...] Wenn es die Intentionalität [*aboutness*] wirklich gibt, muss sie in Wirklichkeit etwas ganz anderes sein. (Fodor 1987, 97)

Der Gedanke ist also z.b., dass nur eine reduktive Erklärung des Bewusstseins uns auch tatsächliche Einsicht in die Wesensart des Bewusstseins vermitteln kann, und auch nur eine solche reduktive Erklärung zwingend nachzuweisen vermag, dass es das Bewusstsein überhaupt gibt.

Eine verwandte Position, die sich ebenfalls im Schussfeld der phänomenologischen Kritik befindet, bildet der sogenannte *Eliminativismus*. Der Eliminitivist teilt in mancher Hinsicht die Grundanschauung des Reduktionisten: Nur was sich durch die Prinzipien und Entitäten, die die Naturwissenschaft anerkennt, erklären lässt, kann als wirklich gelten. Doch anders als der reduktive Materialist behauptet der Eliminativist nicht, dass sich das Bewusstsein auf Neurophysiologie reduzieren lasse und letztlich auch nur um sie handle. Doch statt die naheliegende Konsequenz zu ziehen, dass das Bewusstsein irreduzierbar sei, zieht er einen anderen Schluss – nämlich, dass es überhaupt kein Bewusstsein gebe. Für den eliminativen Materialisten sind unsere Annahmen der Existenz von Erlebnissen, Vermutungen, Wünschen, Gefühlen usw. nichts anderes als eine Ansammlung von theoretischen Hypothesen, die zusammen eine Art primitiver Psychologie bilden. Diese primitive psychologische Theorie entspricht jedoch nicht den Anforderungen und Standards der modernen Wissenschaft, sie befindet sich nicht auf dem Niveau der wissenschaftlichen Psychologie und muss eben deswegen abgelehnt werden, wie man früher bereits z.B. die Alchemie und Phrenologie verworfen hat. Der Grund für die Irreduzierbarkeit des Bewusstseins besteht darin, dass es überhaupt nicht existiert; das Bewusstsein ist nicht real, sondern lediglich eine Fiktion wie Einhörner, furchterregende Schneemenschen usw.

Dass wir es hier mit recht radikalen Positionen zu tun haben, sollte klar geworden sein. Konsequent zu Ende gedacht hätten sie nämlich nicht allein zur Folge, dass der Großteil der hu-

man- und sozialwissenschaftlichen Erklärungen als Pseudo-
erklärungen ohne eigentlichen wissenschaftlichen Wert gelten
müssten; auch die Realität der Gegenstände, denen die Beschäftigung der Human- und Sozialwissenschaften gilt, müsste bezweifelt werden. Man denke nur an so unterschiedliche
Phänomene wie Symphonien, Inflation, Personalausweise,
Verfassungskrisen, Gemeindewahl und Kriege. Selbstverständlich ließe sich der Zweite Weltkrieg als politisches, kul-
turelles, soziales und wirtschaftliches Phänomen nicht auf die
Prinzipien der Neurophysiologie und Physik reduzieren oder
durch sie erklären. Der Eliminativismus zieht daraus aber den
Schluss, dass es den Zweiten Weltkrieg als politisches, kultu-
relles, soziales und wirtschaftliches Phänomen im Grunde nie
gegeben hat. Diese Schlussfolgerung wirkt absurd, und es
stellt sich tatsächlich die Frage, ob wir es hier nicht mit einer
regulären *reductio ad absurdum* des reduktionistischen und
eliminativistischen Leitspruchs zu tun haben: „Reduziere oder
eliminiere!"

Ob etwas wirklich ist oder nicht, ist für die Phänomenologie
nicht abhängig davon, dass es sich in das Prokrustesbett des
Reduktionismus zwingen lässt. Unsere gemeinsame Erfahrungswelt hat ihre eigenen (pragmatischen) Kriterien für
Wahrheit und Gültigkeit und braucht nicht auf ihre Legitimie-
rung durch die Wissenschaften zu warten. Damit sind wir bei
dem phänomenologischen Begriff der Lebenswelt ange-
langt.

KAPITEL 5
DIE LEBENSWELT

In ihren Überlegungen zum Verhältnis von Wissenschaft und
Erfahrung haben Phänomenologen durchgängig die Bedeutung der Lebenswelt hervorgehoben. Doch was ist die Lebenswelt, und was bedeutet ihre Rehabilitierung? Die Lebenswelt
ist, kaum überraschend, die Welt, in der wir leben. Es ist die
Welt, die wir im Alltag ganz selbstverständlich voraussetzen,
die vorwissenschaftliche Erfahrungswelt, mit der wir vertraut
sind, und die wir nicht in Frage stellen. Warum bedarf sie der
Rehabilitierung? Weil die Lebenswelt von der Wissenschaft
vergessen und verdrängt wurde, obgleich sie ihre geschicht-
liche und systematische Sinngrundlage ausmacht. Selbst die
exaktesten und abstraktesten wissenschaftlichen Theorien
können nicht ohne die vorwissenschaftliche Evidenz der Lebenswelt auskommen. Wohlgemerkt handelt es sich nicht bloß
um eine zwar unumgängliche, ansonsten aber belanglose
Durchgangsstation auf dem Weg zur strengen Erkenntnis, sondern um eine alle Erkenntnis letztlich begründende Sinnquel-
le (Husserl 1962a: 129). In ihrer Suche nach absolut exakter
Erkenntnis hat die Wissenschaft aus ihrer radikalen Über-
schreitung der leiblichen, sinnlichen und praktischen Erfahrung eine Tugend gemacht und dabei übersehen, dass sie selbst
von dieser Erfahrung überhaupt erst ermöglicht wird. Wenn
ein wissenschaftliches Experiment geplant und durchgeführt
wird, die Messinstrumente abgelesen und die Resultate gedeutet, verglichen und mit anderen Wissenschaftlern diskutiert
werden, sieht man sich unablässig auf die gemeinsame Lebenswelt verwiesen. Obgleich wissenschaftliche Theorien in
ihrer Präzision und Abstraktion die konkret-anschauliche Lebenswelt transzendieren, bleibt diese doch ihre Sinngrundlage
und der Ausgangspunkt, zu dem sie ständig zurückschwingen
(Husserl 1962a: 142).

Das Verhältnis von Lebenswelt und Wissenschaft ist jedoch keineswegs statisch, sondern sogar in höchstem Maße dynamisch. Wissenschaft ist in der Lebenswelt fundiert und sickert mit der Zeit in den Boden ein, auf dem sie steht. Nach und nach werden theoretische Annahmen in die Alltagspraxis aufgenommen und bilden dann selbst einen Teil der Lebenswelt. Stephan Strasser hat die Lebenswelt mit einem fruchtbaren Humus verglichen. Wie Humus die Nahrungsgrundlage für reiches Wachstum bildet, kann die Lebenswelt auch systematische Erkenntnis nähren. Wie Humus ist die Lebenswelt von zahlreichen Wurzeln durchdrungen, von denen einige nur eben unter der Oberfläche stecken, während andere tiefer reichen. Wie Humus ist die Lebenswelt voll von „Löchern". Und wie die physischen und chemischen Eigenschaften des Humus nach und nach von dem Wachstum der Pflanzen, die er trägt, modifiziert wird, wird auch die Lebenswelt von wissenschaftlichen Theorien, deren Fundament sie bildet, beeinflusst und verändert (vgl. Strasser 1963: 71).

Phänomenologen betonen jedoch keinesfalls die Bedeutung der Lebenswelt einseitig auf Kosten der Wissenschaft. Husserls Angriff des szientistischen Selbstverständnisses der Wissenschaft als einen Angriff der Wissenschaften als solcher auszulegen, muss ganz eindeutig als ein Kurzschluss gelten. Die Phänomenologie ist nicht wissenschaftsfeindlich, und dass eine von Husserls Programmschriften *Philosophie als strenge Wissenschaft* betitelt ist, ist mehr als nur Zufall.[4] Die Phänomenologie leugnet keineswegs den Wert der Wissenschaft und will ebenso wenig bestreiten, dass wissenschaftliche Untersuchungen uns zu neuen Einsichten verhelfen und unser Verständnis der Wirklichkeit erweitern können – sie kritisiert lediglich die (natur-)wissenschaftliche Neigung zum Szientizismus und Objektivismus.

---

[4]   Es sei jedoch erwähnt, dass nicht alle Phänomenologen die gleiche Auffassung des Verhältnisses der Phänomenologie zu den positiven Wissenschaften teilen.

1. Im *Szientizismus* definiert die (Natur-)Wissenschaft, und sie allein, was als wirklich gelten kann. Die Wirklichkeit ist also identisch mit dem, was sich von den (Natur-)Wissenschaften begreifen und beschreiben lässt. Um Galileo Galilei zu zitieren, den Husserl als eine Art Personifikation dieser Tendenz betrachtet:

> Die Philosophie steht in diesem großen Buch, dem Universum, geschrieben, das unserem Blick ständig offen liegt. Aber das Buch ist nicht zu verstehen, wenn man nicht zuvor die Sprache erlernt und sich mit den Buchstaben vertraut gemacht hat, in denen es geschrieben ist. Es ist in der Sprache der Mathematik geschrieben, und deren Buchstaben sind Kreise, Dreiecke und andere geometrische Figuren. Ohne diese Mittel wäre es dem Menschen unmöglich, auch nur ein einziges Wort davon zu verstehen; ohne sie irrt man ausweglos in einem dunklen Labyrinth herum. (Galileo Galilei 1953: 121)

Solche Überlegungen führten, geschichtlich betrachtet, zu der Behauptung, dass z.B. Form, Größe und Gewicht eines Gegenstandes, also nur jene Merkmale, die sich quantitativ und mit mathematischer Exaktheit beschreiben lassen, objektive Eigenschaften ausmachen, während Farbe, Geschmack, Geruch lediglich subjektive Folgeerscheinungen darstellen, denen keine objektive, bewusstseinsunabhängige Existenz zukommt. Diese klassische Unterscheidung zwischen primären und sekundären Sinnesqualitäten ist im Laufe der Zeit konsequent radikalisiert worden. Bald wurde nicht nur die Objektivität bestimmter Qualitäten des erscheinenden Gegenstandes in Zweifel gezogen, sondern schlechthin alles, was überhaupt erscheint. Die Erscheinung als solche wurde als subjektiv angesehen, und eben diese Erscheinung, diesen phänomenalen Charakter hatte die Wissenschaft zu überschreiten, sie musste hinter ihn gelangen, um dort die wahre Wesensart der Dinge zu erkennen.

Bei einer Analyse des Wassers z.B. ist es völlig irrelevant, dass Wasser etwas ist, das wir trinken, in dem wir schwimmen und baden, wie auch seine Farbe, sein Geschmack und Geruch unwesentlich sind – das gilt ganz allgemein für das sinnliche Erscheinungsbild des Wassers, weil es nämlich nichts anderes als eine rein subjektive Manifestation der zugrunde liegenden

eigentlichen Wirklichkeit darstellt, auf die es als Zeichen lediglich verweist. Letztlich dreht es sich um eine Feststellung
der chemischen Struktur des Gegenstandes: Wasser = H_2O.
Aus diesem Gesichtspunkt ergibt sich, dass die Welt, in der
wir leben, eine völlig andere als die der exakten Wissenschaften ist; nur diese letztere kann wahr genannt werden,
wohingegen unsere Lebenswelt ein bloßes Konstrukt bildet,
ein Resultat unserer Weise, auf die Stimuli, die wir aus der
physischen Wirklichkeit empfangen, zu reagieren. Die These
jedoch, dass die Physik allein und absolut darüber richtet, was
als wirklich gelten könne, und alle ernstzunehmenden Begriffe auf den Begriffsapparat der exakten Wissenschaften
reduzierbar sein müssen, lehnt die Phänomenologie ganz entschieden ab. Für die Phänomenologie beschreibt die exakte
Wissenschaft nicht eine andere Welt. Vielmehr beschreibt sie
die Welt, die wir je schon kennen, mit neuen Methoden und
setzt uns somit instand, ein präziseres Wissen über sie zu erlangen. Die mathematisierte Wirklichkeit ist also nicht die
wahre Wirklichkeit, sondern ganz im Gegenteil Resultat einer
nachträglichen und äußerst voraussetzungsreichen Idealisierung.

2. Für den *Objektivismus* besteht die Wirklichkeit im absoluten Sinne unabhängig von der Subjektivität, von jeglicher
Deutung und von der geschichtlichen Gemeinschaft, die wir
jeweils bilden. Die Wissenschaft stellt sich selbst oftmals als
ein Versuch dar, die Wirklichkeit objektiv, d.h. aus der Dritten-
Person-Perspektive zu beschreiben. Ein solches Anliegen ist
völlig legitim, es sollte jedoch nicht vergessen werden, dass
jede Objektivität, jede Erklärung, jede Begriffs- und Theorie-
bildung die Erste-Person-Perspektive als ihren beständigen
Grund voraussetzt. In dem Sinne ist der Glaube, dass die
Wissenschaft eine absolute Beschreibung der Wirklichkeit zu
bieten habe, frei von jeglicher begrifflichen und erfahrungsmäßigen Perspektive, eine bloße Illusion. Die Wissenschaft
wurzelt in der Lebenswelt, sie nimmt Einsichten der vorwis-
senschaftlichen Sphäre in Anspruch, und sie wird – nicht zu
vergessen – von leiblichen Subjekten ausgeübt. Für Phänome-

nologen ist Wissenschaft nicht einfach eine Ansammlung von systematisch verbundenen wohlbegründeten Sätzen. Wissenschaft wird von bestimmten Menschen ausgeübt, sie bedeutet ein bestimmtes Weltverhältnis, eine bestimmte theoretische Einstellung zur Welt – und diese bestimmte Einstellung ist nicht einfach vom Himmel gefallen, sie hat ihre bestimmten Voraussetzungen und ihre bestimmte Herkunft: Sie bildet eine Tradition, eine bestimmte kulturelle Formation.

Das Verdienst der Phänomenologie besteht nicht in dem Versuch, den Menschen wissenschaftlich zu beschreiben, sondern vielmehr darin, die Wissenschaftlichkeit selbst, die wissenschaftliche Rationalität und Praxis durch eine detaillierte Analyse der Intentionalitätsformen des erkennenden Subjektes verständlich zu machen. Eine wesentliche Aufgabe bildet somit die Erörterung der Frage, wie die theoretische Einstellung, die wir einnehmen, wenn wir Wissenschaft betreiben, aus unserem In-der-Welt-sein entsteht, wie sie es beeinflusst und verändert.

KAPITEL 6
MERLEAU-PONTYS VORWORT ZUR
PHÉNOMÉNOLOGIE DE LA PERCEPTION

Wie bereits erwähnt stellt die Phänomenologie kein homogenes oder gar monolithisches Gebilde dar. Dennoch versucht Merleau-Ponty in dem berühmten Vorwort zu seinem Hauptwerk *Phénoménologie de la perception*, eine bündige Antwort auf die Frage zu geben: „Was ist Phänomenologie?"

Merleau-Ponty setzt mit der lakonischen Feststellung ein, dass es auch ein halbes Jahrhundert nach Husserls frühesten Werken noch keine eindeutige Antwort auf die Frage gibt, was die Phänomenologie eigentlich sei. Vielmehr scheinen alle bisherigen Bestimmungen in völlig verschiedene Richtungen zu weisen:

1. Einerseits ist die Phänomenologie von einem gewissen Essentialismus gekennzeichnet. Ihr Interesse gilt nicht einer bloß empirischen Untersuchung verschiedener Phänomene, sondern einer Enthüllung des Beständigen und Wesenhaften, z.B. des Bewusstseinsstromes, der Leiblichkeit, der Wahrnehmung usw. Andererseits bleibt unsere faktische Existenz der Ausgangspunkt für ihr Verständnis des Menschen und der Welt. Die Phänomenologie ist deswegen nicht bloß ein Essentialismus, sie ist auch eine Philosophie der Faktizität.

2. Die Phänomenologie ist eine Transzendentalphilosophie. Sie möchte die Bedingungen der Möglichkeit der Erfahrungen reflektieren und setzt die Annahmen unserer natürlichen, vorphilosophischen Einstellung (darunter auch unsere Annahme der Existenz einer bewusstseinsunabhängigen Wirklichkeit) außer Geltung, um sie auf diese Weise einer kritischen Untersuchung zu unterziehen. Sie räumt jedoch

auch ein, dass die Reflexion immer in einem vorgängigen Weltverhältnis ihren Ausgangspunkt nimmt, und dass die Hauptaufgabe der Philosophie im Grunde in nichts anderem als in der Artikulation der vollen Bedeutung dieses unmittelbaren und direkten Weltkontaktes besteht.

3. Die Phänomenologie möchte Philosophie als strenge Wissenschaft verwirklichen, macht sich aber gleichermaßen zur Aufgabe, unsere Lebenswelt zu beschreiben und dem Raum, der Zeit, der Welt als erlebten und gelebten Phänomenen gerecht zu werden.

4. Die Phänomenologie wird gern als eine rein deskriptive Disziplin dargestellt. Sie beschreibt unsere Erfahrungen, so wie sie uns nun einmal gegeben sind. Sie kümmert sich weder um den psychologischen oder biologischen Ursprung der Erfahrungen, noch möchte sie diese kausal erklären. Nichtsdestoweniger hat auch Husserl selbst die Bedeutung der Entwicklung einer *genetischen Phänomenologie* betont, d.h. der Ausbildung einer nicht bloß statischen Phänomenologie, die auch den Ursprung und die Geschichte der intentionalen Erfahrungsstrukturen zu analysieren vermag.

Man könnte versucht sein, heißt es bei Merleau-Ponty, diese vermeintlichen Gegensätze zu überwinden durch die schlichte Unterscheidung zwischen Husserls (transzendentaler) Phänomenologie einerseits, die gern als Versuch der Thematisierung der reinen und unveränderlichen Bedingungen der Möglichkeit der Erkenntnis betrachtet wurde, und Heideggers (hermeneutischer und existenzieller) Phänomenologie andererseits, die wiederholt als ein Versuch der Aufdeckung der geschichtlichen und praktischen Kontextabhängigkeit der Erkenntnis ausgelegt worden ist. Dieser Lösungsversuch wird von Merleau-Ponty jedoch als gar zu naiv abgewiesen. Denn erstens sind die „Gegensätze" auch dem Denken Husserls selbst immanent, und zweitens handelt es sich nicht um reelle Gegensätze oder Alternativen, sondern eher um komplementäre Aspekte, die alle berücksichtigt und mit einbezogen werden sollten (Merleau-Ponty 1945: I-II/1966: 3f).[5]

Husserls Schlagwort – ‚Zu den Sachen selbst!' – enthielt die Forderung, sich als Phänomenologe nicht in leeren Spekulationen und theoretischen Konstruktionen zu verlieren. Diese Losung ist laut Merleau-Ponty als Ausdruck einer wissenschaftskritischen Haltung zu verstehen und als Enthüllung eines ursprünglicheren Weltverhältnisses, als es in der wissenschaftlichen Rationalität zum Ausdruck kommt. Es handelt sich um die Forderung, auf diejenige Welterfahrung zurückzugehen, die jeder sprachlichen Artikulation und wissenschaftlichen Begriffsfixierung vorausliegt und ihre Voraussetzung bildet. Die Wissenschaft reduziert uns zu Gegenständen, die sich von objektivierenden Theoriebildungen wie der Biologie, Psychologie oder Soziologie erschöpfend erklären lassen. Merleau-Ponty mahnt uns jedoch nicht zu vergessen, dass unser Wissen von der Welt, darunter auch unser wissenschaftliches Wissen, einer Ersten-Person-Perspektive entspringt, und die Wissenschaften ohne diese Voraussetzung sinnlos wären. Der wissenschaftliche Diskurs knüpft an die erlebte Welt an, und wenn wir ein Verständnis für Leistung und Begrenzung der Wissenschaft erlangen wollen, müssen wir zwangsläufig die primäre Welterfahrung untersuchen, von der die Wissenschaft eine Artikulation zweiter Ordnung darstellt. Die einseitige Konzentration der Wissenschaft auf das, was aus einer Dritten-Person-Perspektive zugänglich ist, ist somit für Merleau-Ponty nicht nur naiv, sondern auch unredlich, da die wissenschaftliche Praxis stets die vorwissenschaftliche Welterfahrung aus der Ersten-Person-Perspektive voraussetzt (Merleau-Ponty 1945: II-III/1966: 4f).

Das Beharren der Phänomenologie auf der Bedeutung der Ersten-Person-Perspektive darf nicht mit einem idealistischen (und klassisch transzendentalphilosophischen) Versuch verwechselt werden, das Bewusstsein von der Welt loszulösen und den Reichtum und die Fülle der Welt von der konstitutiven

---

[5]   Für eine nähere Erörterung von Merleau-Pontys Verhältnis zu Husserl s. Zahavi 2002a.

Leistung eines reinen und weltlosen Subjekts bedingt sein zu lassen. Auch dieses Vorhaben war naiv. Das Subjekt hat keine Priorität vor der Welt, und die Wahrheit darf nicht im inneren Menschen gesucht werden. Es gibt nämlich keinen inneren Menschen. Ganz im Gegenteil: Der Mensch ist in der Welt und kennt auch sich selbst nur auf Grund seines Verweilens in dieser Welt. Die durch die phänomenologische Reduktion enthüllte Subjektivität ist keine verborgene Innerlichkeit, sondern ein offenes Weltverhältnis. Mit Heideggers Worten handelt es sich um ein *In-der-Welt-sein* – also um eine Welt, die nicht als bloße Totalität vorhandener Gegenstände oder als Summe kausaler Relationen aufzufassen ist, sondern als ein Sinnhorizont, zu dem wir je schon in Beziehung stehen (Merleau-Ponty 1945: III-V/1966: 5ff).

Gäbe man dem Idealismus Recht, dann wäre die Welt bloß das Produkt unserer Konstitution und Konstruktion, und sie würde in voller Transparenz erscheinen. Sie hätte nur den Sinn, den *wir* ihr geben würden, und würde deswegen auch keine verborgenen Seiten, keinerlei Rätselhaftigkeit mehr aufweisen. Der Idealismus und der Konstruktivismus berauben mit anderen Worten die Welt ihrer Undurchdringlichkeit und Transzendenz. Für sie bildet die Erkenntnis der Welt, des Selbst und des Anderen kein Problem mehr. So einfach verhält es sich jedoch nicht. Die phänomenologischen Analysen enthüllen, dass ich nicht nur für mich selbst, sondern auch für andere existiere, wie auch der Andere nicht nur an sich existiert, sondern auch für mich. Das einzelne Subjekt besitzt also weder das Patent für das Verständnis seiner selbst noch für das Verständnis der Welt. Vielmehr gibt es Aspekte der Subjektivität selbst wie auch der Welt, die nur durch den Anderen zugänglich sind. Meine Existenz ist somit nicht nur ein Problem meiner Selbstauffassung; sie handelt sich auch um die Frage, wie andere mich auffassen, und schließt deswegen ebenso meine Inkarnation in Natur und Geschichte mit ein. Die Subjektivität muss zwangsläufig als leibhaft in einem sozialen Kontext verankert begriffen werden. Die Welt lässt sich weder von der Subjektivität noch von der Intersubjektivität trennen, und die Aufgabe der Phänomenologie besteht gerade darin, Welt, Subjekt und Intersubjektivität in ihrem übergreifenden Zusammenhang zu denken (Merleau-Ponty 1945: VI-VIII, XV/1966: 8ff, 17).

Unser Verhältnis zur Welt ist so grundlegend und selbstverständlich, dass wir diesem im Allgemeinen keine Beachtung schenken. Aber gerade die Untersuchung dieses Bereiches der unbeachteten Vertrautheit hat sich die Phänomenologie zum Ziel gemacht. Die Aufgabe der Phänomenologie besteht also nicht im Erwerb neuer empirischer Kenntnisse über gewisse innerweltliche Tatsachen, sondern vielmehr im Verstehen des basalen Weltverhältnisses, das jeder empirischen Erforschung zugrunde liegt. Wenn die Phänomenologie immer wieder die methodologische Notwendigkeit einer gewissen reflexiven Zurückhaltung betont hat (wofür Husserl die *termini technici* der Epoché und der Reduktion geprägt hat), so hat das nicht etwa seinen Grund in einem Wunsch, die Welt zum Vorteil einer Untersuchung des reinen Bewusstseins hintanzusetzen, sondern vielmehr darin, dass sich die intentionalen Fäden, die uns mit der Welt verknüpfen, nur dann sichtbar machen lassen, wenn wir sie ein wenig lockern. Die Welt ist, wie Merleau-Ponty schreibt, befremdlich und paradox. Um jedoch erkennen zu können, dass sie ein Geheimnis und Geschenk darstellt, ist eine Suspension unserer gewöhnlich blinden und gedankenlosen Hinnahme der Welt nötig. Normalerweise lebe ich in einem natürlichen und besorgenden Weltverhältnis. Als Philosoph kann man sich mit diesem naiven In-der-Welt-sein jedoch nicht begnügen, man ist gezwungen, ein wenig von ihm Abstand zu nehmen, um es beschreiben zu können. In diesem Sinne ist die phänomenologische Reduktion laut Merleau-Ponty die Voraussetzung der Analyse unseres In-der-Welt-seins.

Die phänomenologische Untersuchung bewegt sich zwangsläufig vom Faktum zum Wesen, aber ihr Interesse am Wesen ist kein Selbstzweck. Vielmehr bildet die Erfassung der Wesensart ein Mittel zum Verständnis, zur begrifflichen Fixierung und sprachlichen Artikulation unserer faktischen Existenz. Die Konzentration auf das Wesen geschieht aus dem Wunsch, den Reichtum des faktisch Gegebenen einzufangen, nicht aus dem Wunsch, von der Faktizität zu abstrahieren. Es wäre somit auch ein Missverständnis zu meinen, die Sprache verbaue den Zugang zur wirklichen Welt. Die Sprache ruht auf dem vorsprachlichen, wahrnehmenden Kontakt mit der Welt, bewahrt deswegen auch ihren Bezug auf eine nicht-sprachliche Wirklichkeit (Merleau-Ponty 1945: IX-X/1966: 10ff).

Die Analyse der Intentionalität, der Gerichtetheit des Bewusstseins, wird gern als das entscheidende Verdienst der Phänomenologie dargestellt. Man liebt, fürchtet, sieht und beurteilt nicht nur, man liebt einen Geliebten oder eine Geliebte, fürchtet etwas Fürchterliches, sieht einen Gegenstand und beurteilt einen Sachverhalt. Ganz gleich, ob es sich um meine Wahrnehmung, mein Denken, mein Urteilen, meine Vorstellungskraft, meinen Zweifel, meine Erwartung oder Erinnerung handelt, sind diese Bewusstseinsformen dadurch gekennzeichnet, Gegenstände zu intendieren, und es lässt sich von ihnen überhaupt nicht sinnvoll sprechen, ohne auch ihr gegenständliches Korrelat, d.h. das Wahrgenommene, Bezweifelte, Beurteilte usw., zu berücksichtigen. Zu den Objekten hinauszugelangen, kann also niemals ein Problem darstellen, da das Subjekt als solches selbsttranszendierend auf etwas anderes als sich selbst gerichtet ist. Doch auch über die detaillierte Analyse unseres theoretischen Gegenstandsbewusstseins hinaus hat die Phänomenologie klar erwiesen, dass uns die Welt vor jeder Analyse, Identifikation und Objektivation gegeben ist – dass es mit anderen Worten ein nicht-theoretisches Weltverhältnis gibt. Das ist auch der Grund dafür, dass Husserl seinerzeit zwei Formen der Intentionalität unterschied. Einerseits gibt es nämlich die von Husserl so genannte *Aktintentionalität* – eine objektivierende Form der Gegenstandsgerichtetheit. Andererseits gibt es aber auch, was Husserl die *fungierende Intentionalität* nennt – also gerade eine nicht-objektivierende, vorsprachliche Weise des In-der-Welt-seins. Dieses primäre Weltverhältnis lässt sich laut Merleau-Ponty nicht weiter analysieren oder erklären. Es ist, wenn man so will, rätselhaft. Die philosophische Untersuchung kann nichts anderes tun, als unsere Aufmerksamkeit auf diesen Umstand zu lenken und uns von seinem irreduziblen Charakter zu überzeugen (Merleau-Ponty 1945: XIII, XV/1966: 15, 17).

Die Phänomenologie ist eine kritische Reflexion, eine unermüdliche (Selbst-)Problematisierung. Sie kann nichts einfach nur hinnehmen, auch nicht sich selbst. Sie ist, wenn man so will, eine endlose Meditation. Sie weiß nie, wohin sie unterwegs ist. Aber wie Merleau-Ponty abschließend hervorhebt, bildet die Unabgeschlossenheit der Phänomenologie keinen Mangel, dem abgeholfen werden könnte oder sollte, sondern vielmehr eine Wesensbestimmung. Als Erstaunen angesichts der Welt ist die Phänomenologie kein starres System, sondern eine unaufhörliche Bewegung (Merleau-Ponty 1945: XVI/1966: 18).

TEIL II

KONKRETE ANALYSEN

KAPITEL 7
RAUM UND LEIB

Nach der Darstellung einer Reihe zentraler phänomenologischer Begriffe und Grundgedanken mehr allgemeiner und methodologischer Art ist es nun an der Zeit, sich einige konkrete Phänomenanalysen genauer anzusehen. Beginnen wir mit Heideggers Raumanalyse in *Sein und Zeit*.

A. Auftakt

Gleich auf den allerersten Seiten von *Sein und Zeit* schreibt Heidegger, dass es gelte, die *Seinsfrage* erneut zu stellen, und deutet an, dass es dabei darauf ankomme, das Verhältnis von *Sein*, *Zeit*, *Sinn von Sein* und *Seinsverständnis* näher zu untersuchen. Heidegger betrachtet also die Frage nach dem *Sein des Seienden* als die Grundfrage der Phänomenologie überhaupt und bezeichnet das Sein als ihr eigentliches Thema (Heidegger 1989: 15). Seit Platon und Aristoteles ist die philosophische Tradition aber von ihrem *Seinsvergessen* gekennzeichnet. Mithin ist die Seinsfrage nicht der erforderlichen thematischen Untersuchung unterworfen, sondern als eine banale und geradezu überflüssige Frage trivialisiert worden. So wurde z.B. behauptet, dass wir uns immer schon auf das Sein verstehen, sei es ideales Sein, reales Sein, fiktives Sein usw. – denn wir verstehen ja ohne weiteres die Bedeutung von Aussagen wie „der Himmel *ist* blau", „ich *bin* froh" und folgern, dass es eben deswegen auch unnötig sei, das Sein einer tieferschürfenden philosophischen Untersuchung zu unterwerfen. Damit würde Heidegger sich in gewisser Hinsicht sogar einverstanden erklären. Ganz gleich, was wir tun, ob wir forschen, sprechen oder handeln, bewegen wir uns je schon in einem Seinsverständnis. Wir verhalten uns mit anderen Worten nicht nur zu schweren, ausgedehnten und gelben Gegenständen, sondern auch zu diesen Gegenständen in ihrem *Sein*. Dass es so etwas wie eine Seinsvertrautheit, ein vortheoretisches Seinsverständnis gibt, bedeutet jedoch nicht, dass wir auch schon über ein begrifflich artikuliertes Wissen vom Sein verfügen. Nach Hegel besteht ein Unterschied zwischen dem *Be*kannten und dem *Er*kannten – zwar leben wir in einem Seinsverständnis, aber gerade dieser Umstand verlangt eine Klärung. Gerade die Philosophie darf nichts als selbstverständlich voraussetzen, wie Heidegger immer wieder betont. Ganz im Gegenteil hat die Philosophie gerade das, was so fundamental ist, dass man es ohne ihm weiter Beachtung zu schenken einfach als gegeben hinnimmt, einer näheren Untersuchung zu unterwerfen (Heidegger 1986: 4).

Einen entscheidenden Schritt unternimmt Heidegger mit seiner Feststellung, dass das Sein immer das Sein des Seienden ist und sich deswegen nicht unabhängig vom Seienden untersuchen lässt. Es lässt sich zwischen verschiedenem Seienden unterscheiden, z.B. *Gebrauchsgegenständen* (Zeug) wie Messer und Hammer, *Naturgegenständen* wie Stein und Pflanze, *idealen Gegenständen* wie die Zahl 2 und schließlich den *Menschen*. Alle diese verschiedenen Grundtypen des Seienden sind laut Heidegger auf je ihre Weise. Die Frage ist nun aber, ob eine dieser Seinsweisen einen Vorrang beanspruchen kann, wenn es darum geht, ein Seinsverständnis zu erlangen. Gibt es ein bestimmtes Seiendes, bei dem man seinen Anfang nehmen sollte, oder ist der Ausgangspunkt eher willkürlich? Heidegger erklärt nun, dass die Ausarbeitung der Seinsfrage die Einsicht in dasjenige Seiende erfordert, das imstande ist, diese Frage überhaupt zu stellen, und damit auch über jenes Vorverständnis verfügt, das als Leitfaden der Untersuchung dienen soll. Dieses Seiende sind wir selbst, und der Ansatz der Seinsfrage nimmt somit seinen Ausgangspunkt in der Untersuchung unseres eigenen fragenden Seins. Das Besondere der menschlichen Seinsweise besteht gerade darin, dass sie über ein vortheoretisches Seinsverständnis verfügt. Diese besondere Weise da zu sein nennt Heidegger *Existenz*, während er die

Bezeichnung *Dasein* dem Seienden vorbehält, das wir je selbst
sind. Der Hauptteil von *Sein und Zeit* hat somit die Gestalt
einer *Daseinsanalyse*, d.h. einer Analyse, die die Grundstrukturen des Daseins – die *Existentialien*, wie Heidegger sie nennt
– aufzeichnet und beschreibt. Die Daseinsanalyse verfährt
existenzialontologisch. Das Dasein – oder um nun ein anderes
Wort zu wählen: die Subjektivität – soll also in Bezug auf
seine Existenzstrukturen analysiert werden (und also nicht mit
Hinsicht auf seine Biologie oder Physiologie).[6]

Heideggers Erörterung der Existentialien bildet eine Ent-
sprechung zur traditionellen Darstellung der *Kategorien*, d.h.
der apriorischen Bestimmungen, die die Dinge kennzeichnen.

---

[6] Obgleich Heidegger allgemein seine Theorie als radikale Auseinandersetzung mit der herkömmlichen subjektzentrierten Bewusstseinsphilosophie
und Metaphysik darstellt, kann kein Zweifel daran bestehen, dass er in *Sein
und Zeit* dem Dasein eine recht entscheidende Rolle zuweist. Nicht allein
architektonisch, insofern die Daseinsanalyse den Hauptteil des Werkes
ausmacht, sondern auch systematisch, was unter anderem aus den Stellen
hervorgeht, an denen Heidegger schreibt, dass es ohne das Dasein weder
Sein, Wahrheit oder Welt gebe (Heidegger 1986: 212, 226, 365). Zwar
ließe sich möglicherweise einwenden, dass seine Behauptungen in diesem
Zusammenhang keine subjektphilosophischen Implikationen hätten, da
Heideggers Begriff des Daseins nicht mit dem gängigen Subjektbegriff
verwechselt werden dürfe. Das mag an sich wohl wahr sein, zumal wenn
man ‚gängig' betont und unter ‚Subjekt' eine selbsttransparente weltlose
Substanz versteht, die der Welt vorgängig und von ihr unabhängig ist. Zwar
ist es ein solches Verständnis, von dem Heidegger Abstand nimmt, wenn
er meint, dass man das Dasein völlig missverstehe, wenn man es als ein
Ich oder ein Subjekt begreift (Heidegger 1986: 46, 322f; 1978a: 368).
Dennoch spricht so manches dafür, dass Heideggers Begriff des Daseins
als ein phänomenologisch reflektierter Begriff der Subjektivität oder des
Selbst zu verstehen ist. Eine Deutung, die auch Heidegger selbst oftmals
nahe legt, sowohl in *Sein und Zeit* als auch in *Grundprobleme der Phänomenologie* und in *Kant und das Problem der Metaphysik*. Dort fordert er
eine Analyse des Subjekts in seinem Sein und merkt an, dass eine phänomenologische Untersuchung der Subjektivität des endlichen Subjekts nötig sei. Er behauptet, dass seine eigene Thematisierung des Daseins einer
ontologischen Analyse der Subjektivität des Subjekts entspreche, und dass
ein ontologisches Verständnis der Subjektivität uns auf das existierende
Dasein hinlenke (Heidegger 1986: 24, 366, 383; 1989: 207, 220; 1991: 87,
219). Für einen sorgfältigen Nachweis der Bedeutung der Subjektivität in
Sein und Zeit s. Øverenget 1998 und Overgaard 2004.

Heideggers entscheidender Gedanke besteht in dem Verdacht, dass diese Tradition nur Blick für eine bestimmte Art Sein hatte, nämlich für das gegenständliche Sein, das sie kategorial verstand – ein gegenständliches Sein, das Heidegger meist *Vorhandensein* nennt, bei dem es sich um ein Sein handelt, dem wir begegnen, wenn wir eine rein betrachtende, theoretische Einstellung einnehmen. Insofern die Tradition also überhaupt die Seinsfrage stellte, hat sie immer das Vorhandenseiende zu ihrem Ausgangspunkt gewählt, nicht das Dasein. Das hatte unter anderem die etwas unglückliche Konsequenz, dass man in der Regel auch das Dasein anhand der Kategorien zu bestimmen suchte. Deswegen kann Heidegger schreiben, dass das Versäumnis der Seinsfrage mit der fehlenden Thematisierung der Seinsweise des Daseins einherging: das Dasein ist konsequent als ein vorhandener Gegenstand ausgelegt worden. Und ganz gleich, ob man nun meint, dieser sei von rein materieller oder von geistiger Wesensart, auf jeden Fall verfehlt man die eigenartige Seinsweise des Daseins, weshalb Heidegger Descartes den Vorwurf machen kann, in seiner berühmten Formulierung *cogito ergo sum* völlig das *sum* außer Acht gelassen zu haben.

Aber warum nun ist diese *substanzphilosophische* Auslegung des Daseins für Heidegger so problematisch? Hauptsächlich, weil das Dasein in dieser Deutung eben als eine Substanz, d.h. als etwas Eigenständiges und Unabhängiges verstanden wird – eine Unabhängigkeit, die sich nach dem gewöhnlichen Verständnis vor allem im Verhältnis zur Welt geltend macht. Damit enden wir also bei dem eigenständigen, isolierten und weltlosen Subjekt der philosophischen Tradition.

Dass *Sein und Zeit* den Versuch einer Überwindung dieser Konzeption darstellt, zeigt sich u.a. darin, dass der ganze erste Abschnitt um eine Analyse des sogenannten *In-der-Welt-sein* des Daseins kreist. Heidegger erweitert Husserls Intentionalitätsbegriff, indem er betont, dass die Weltlichkeit des Daseins keine Eigenschaft sei, die das Dasein bald besitzen, bald auch entbehren könne. Das Dasein existiert nicht zunächst rein für sich selbst, um sich dann auch auf die Welt zu beziehen. Vielmehr muss die Welt, die Heidegger als einen umfassenden Bedeutungszusammenhang versteht, als ein konstitutives Element des Daseins selbst, d.h. also als ein Strukturmoment des Daseins betrachtet werden. Dass Heidegger das Dasein als das Seiende bestimmt, dem es in seinem Sein um sein eigenes Sein geht, bedeutet nicht – das muss nochmals betont werden –, dass das Dasein sich verschließt. Das Dasein ist ein Seiendes, dessen Sein von Offenheit gekennzeichnet ist – und diese Offenheit transzendiert die Grenzen des Selbst. Das Dasein ist nämlich dadurch charakterisiert, dass es sich nicht nur auf sein eigenes Sein versteht, sondern darüber hinaus auch auf das Sein von anderem Seienden und auf das Sein überhaupt.

Was genau ist nun aber dieses Sein? Im *Brief über den Humanismus* gibt Heidegger folgende Antwort: „Doch das Sein – was ist das Sein? Es ‚ist‘ Es selbst" (Heidegger 1976: 331). Eine etwas gewagtere, doch vielleicht auch aufschlussreichere Auslegung versteht die Seinsfrage als eine Frage nach dem, was es dem Seienden ermöglicht, sich als das zu zeigen, was es ist.[7] Nach dem Sein des Seienden zu fragen, heißt also, nach den Möglichkeitsbedingungen für die Manifestation des Seienden zu fragen. Es ist somit auch kein Zufall, dass Heidegger die Wissenschaft vom Sein eine *transzendentale* Wissenschaft nennt (Heidegger 1989: 23), und dass er – wie auch Husserl – sagen würde, dass die Untersuchung des Seins als eine Untersuchung des Seinsverständnis des Daseins durchzuführen ist, denn es ist eben dieses Seinsverständnis, was es dem Seienden ermöglicht zu sein, d.h. als das zu erscheinen, was es ist, und sich als solches zu manifestieren.

Im Zuge seiner Auslegung und Analyse des menschlichen In-der-Welt-seins setzt sich Heidegger mit einer ganzen Reihe herkömmlicher philosophischer Annahmen auf ganz radikale Weise auseinander. Man hat gemeinhin als völlig selbstverständlich vorausgesetzt, so führt er aus, dass das Seiende, das uns zunächst und zumeist in der Welt umgibt, Gegenstände von substantiellem, materiellem, ausgedehntem etc. Charakter

---

[7] Vgl. z.B. Tugendhat 1970: 262.

seien. Das ist jedoch – nach Heidegger – ein grundlegender Irrtum. Dasjenige Seiende, das uns in unserem alltäglichen In-der-Welt-sein zunächst und zumeist begegnet, ist kein vorhandenes Ding, sondern *zuhandenes „Zeug"*. Unser primäres Verhältnis zum innerweltlich Seienden ist eher ein hantierend-besorgender Umgang mit Zuhandenem (mit Gebrauchsgegenständen wie Werkzeug, Nähzeug, Fahrzeug), denn eine theoretische Betrachtung und Erforschung von Vorhandenem – und für Heidegger bildet unser besorgender Umgang mit dem Seienden sogar die Voraussetzung dafür, dass es überhaupt zum Gegenstand der Erkenntnis werden kann. Während wir den Hammer benutzen, kann die Situation entstehen, dass unser Gebrauch gestört wird, z.B. wenn der Hammer zerbricht. Dann erst bemerken wir überhaupt den Hammer, erst dann betrachten wir ihn und untersuchen ihn unter Umständen als etwas, das bestimmte Eigenschaften wie Ausdehnung, Gewicht und Farbe besitzt. Für Heidegger zeigt sich das innerweltlich Seiende also nicht im theoretischen Betrachten als das, was es primär ist, sondern vielmehr im praktischen Gebrauch. Je weniger es also ergründet, erforscht und untersucht wird, desto mehr kommt es zu seinem Recht als das (Werk-) Zeug, das es ist. Allgemeiner ausgedrückt ließe sich sagen, dass also nicht die *Erkenntnis* (paradigmatisch verstanden als die theoretische Erforschung von Gegenständen) das Verhältnis zwischen dem Dasein und dem innerweltlich Seienden stiftet, vielmehr gewinnt das Dasein in der Erkenntnis ein neues Verhältnis zum Seienden in einer je schon erschlossenen Welt. Die Erkenntnis ist, wie Heidegger es formuliert, ein *fundierter* Modus des In-der-Welt-seins des Daseins und nur möglich, weil das Dasein je schon in der Welt ist. Deswegen kritisiert Heidegger auch die Erkenntnistheorie auf Grund ihrer Vorliebe für die theoretische Einstellung und ihrer Auslegung des Verhältnisses von Dasein und Welt als ein Verhältnis zwischen zwei Gegenständen, Subjekt und Objekt, wobei das In-der-Welt-sein des Daseins völlig außer Blick gerät.

B. Heideggers Raumanalyse

Wenden wir uns nach diesen einleitenden Betrachtungen den §§ 22-24 von *Sein und Zeit* zu, die Heideggers Untersuchung des Raumes enthalten. Im § 22 setzt Heidegger ein mit der Frage nach der *Räumlichkeit* des innerweltlich Seienden. Es wird mittlerweile nicht mehr allzu sehr überraschen, dass er sich zunächst der Räumlichkeit des Zuhandenen widmet. Den Ausgangspunkt seiner phänomenologischen Analysen bildete ja stets das Seiende, dem wir zunächst und zumeist begegnen. Heidegger weist nun darauf hin, dass der Ausdruck „zunächst" nicht nur eine *zeitliche*, sondern auch eine *räumliche* Konnotation hat: Das zunächst Begegnende befindet sich in unserer *Nähe*.

Bedenkt man, dass Heidegger den Seinsvorrang des Vorhandenen nicht anerkennt, wird man verstehen, dass Nähe in diesem Zusammenhang nicht geometrisch begriffen werden darf. Für Heidegger zeigt sich der Gebrauchsgegenstand ja gerade nicht in der theoretischen Betrachtung, sondern im praktischen Gebrauch als das, was er ist. Entsprechend zeigt sich die Räumlichkeit des Gegenstandes vornehmlich im besorgenden Umgang und nicht in der betrachtenden Raum-Ausmessung. Bei Nähe handelt es sich nicht um eine Frage der physischen Distanz, sondern um Gebrauch. Das Zuhandene befindet sich in der Nähe, wenn es „zur Hand", d.h. *zugänglich* und *verwendbar* ist. Allgemein ist die besondere Räumlichkeit des Gebrauchsgegenstandes eine Frage seiner Platzierung in einem Kontext oder Zeugganzen, in den er gehört und wo er seine Funktion erfüllt. Nur in eben diesem bestimmten Kontext hat der Gebrauchsgegenstand seine Bedeutung und Verwendbarkeit, nur hier ist er relevant und zu etwas nütze. Der einzelne Gebrauchsgegenstand steht somit niemals allein, sondern ist eingesponnen in ein Netz von Verweisungen auf andere Gebrauchsgegenstände. Ist die Frage, *wo* sich etwas befindet, wird nach eben dieser Platzierung und Hingehörigkeit gefragt. Die räumlichen Dimensionen über, unter, hinter, neben usw. haben alle einen konkreten und praktischen Bezug. Der primäre Raum besteht also aus einem Gebrauchszusammenhang und nicht aus einem dreidimensionalen Koordinatensystem ohne Zentrum. Nach Heidegger verleiht gerade dieser Bedeutungs- und Verweisungszusammenhang dem Raum seine Einheit.

Wie lässt sich unsere Erfahrung des Raumes näher kennzeichnen? Wie gesagt betont Heidegger den Unterschied zwischen dem vertrauten Umgang mit Zeug und der sorgfältigen Erforschung von Dingen. Diese Unterscheidung gilt auch für den Raum, der uns somit zunächst und zumeist in unserer unthematischen Vertrautheit mit den räumlichen Gebrauchsgegenständen gegeben ist. Der Raum ist ein Charakteristikum der Gebrauchsgegenstände als solcher – und nicht ein leerer Behälter, der dann mit Dingen ausgefüllt werden kann. Erst wenn dieser besorgende Umgang gestört wird, bemerken wir überhaupt den bloßen Raum; erst wenn die Fahrradlampe nicht mehr liegt, wo wir sie erwarten, bemerken wir die Schublade als Behälter.

Heidegger schließt den § 22 mit der Bemerkung ab, dass das „Begegnenlassen von Zuhandenem in seinem umweltlichen Raum [...] nur deshalb möglich [ist], weil das Dasein selbst hinsichtlich seines In-der-Welt-seins ‚räumlich' ist" (Heidegger 1986: 104). Wie lässt sich eine solche Aussage verstehen? Laut Heidegger ist die Räumlichkeit des Zuhandenen eine Folge seiner Einbettung in einen mundanen Bedeutungszusammenhang. Wie bereits angedeutet lässt sich die Weltlichkeit jedoch nur durch eine Analyse des In-der-Welt-seins des Daseins verstehen, und deswegen muss die Analyse der Räumlichkeit des Zuhandenen zwangsläufig auch die Analyse der Räumlichkeit des Daseins mit einbeziehen.

Bereits im § 12 betonte Heidegger die Notwendigkeit einer scharfen Unterscheidung zwischen dem *existenzialen* In-Sein des Daseins und dem *kategorialen* In-Sein der Dinge. Das Dasein ist nicht in der Welt wie Wasser in einem Glas oder ein Hemd in der Kommode, d.h. als ein ausgedehntes Seiendes, das von einem anderen ausgedehnten Seienden umgrenzt wird. Obgleich jedoch dem Dasein nicht diese Art räumlicher

Beschaffenheit eignet, lässt sich ihm nicht jegliche Räumlichkeit absprechen (Heidegger 1986: 54ff).

Dieser Gedankengang wird im § 23 aufgegriffen, wo Heidegger weiter ausführt, dass die Räumlichkeit des Daseins vor dem Hintergrund seiner besonderen Seinsart ausgelegt werden müsse. Die Räumlichkeit des Daseins lässt sich weder in Anlehnung an die Platzierung des Zuhandenen in einem Gebrauchszusammenhang verstehen noch entsprechend der Position des Vorhandenen im Weltraum. Die Räumlichkeit des Daseins ist überhaupt nicht innerweltlich, sondern vielmehr eine Räumlichkeit, die zum In-der-Welt-sein des Daseins gehört. Aber wie kommt diese Räumlichkeit zum Ausdruck? Heidegger hebt insbesondere zwei Aspekte hervor: *Ausrichtung* und *Ent-fernung*. Mit Hinblick auf den ersten Begriff schreibt Heidegger, dass das In-der-Welt-sein des Daseins immer eine Richtung (Perspektive, Interesse) hat. Unser gebrauchender Umgang ist niemals völlig desorientiert – oder vielmehr: eine vorübergehende Desorientierung ist nur möglich, weil das Dasein als solches orientiert ist. Nur deswegen kann auch das innerweltlich Seiende selbst in einer bestimmten Perspektive und Orientierung erscheinen – als etwas, das aus einer bestimmten Richtung zugänglich ist, etwas, das sich oben oder unten, links oder rechts, hier oder dort befindet. Mit Hinblick auf die Ent-fernung spielt Heidegger, wie so oft, mit der verbal-transitiven Bedeutung des Begriffes: Wenn er schreibt, dass das In-der-Welt-sein des Daseins den Charakter der Ent-fernung zeigt, heißt das, dass das Dasein Abstand entfernt, d.h. Seiendes *in der Nähe* begegnen lässt. Das geschieht im praktischen Tun wie in theoretischer Forschung, weshalb Heidegger mit einer Formulierung, wie sie sich auch bei Husserl finden ließe, sagen kann: „*Im Dasein liegt eine wesentliche Tendenz auf Nähe*" (Heidegger 1986: 105). Wiederum muss jedoch betont werden, dass es sich nicht geometrisch messen lässt, ob sich etwas in der Nähe oder in der Ferne befindet. Das wird vielmehr entschieden auf eine Weise, die in Beziehung zu unserem je besonderen Handeln steht und gerade dafür relevant ist. Abstand lässt sich nicht in absoluten Begriffen bestimmen, sondern nur in Bezug auf Kontext, praktische Rücksichten und Interessen verstehen. Was sich abstandmäßig in unmittelbarer Nähe befindet, kann umweltmäßig weit entfernt sein. Der gebrauchende Umgang gibt also vor, ob sich etwas in der Nähe oder in der Ferne befindet. Etwas anzunähern, in die Nähe zu bringen, heißt nicht unbedingt, den Abstand des betreffenden Gebrauchsgegenstandes zum eigenen Körper zu vermindern, sondern vielmehr ihn teilhaben zu lassen am Spielraum des Brauchbaren. Ein paar konkrete Beispiele mögen das veranschaulichen:

1. Gemessen in Zentimetern sind mir der Boden, auf dem ich stehe, und die Brille, die mir auf der Nase sitzt, weitaus näher als das Bild, das ich betrachte – dennoch würde eine phänomenologische Beschreibung darauf bestehen, dass ich dem Bild näher sei. Entsprechendes gilt dem Verhältnis zwischen der Person, *mit* der ich spreche, und dem Telefon, *in* das ich spreche.

2. Gemessen in Kilometern ist der Abstand zwischen Kopenhagen und Neu Delhi heute derselbe wie vor hundert Jahren; in pragmatischer Perspektive jedoch ist er drastisch geschrumpft – auf jeden Fall für diejenigen, die sich ein Flugticket leisten können.

3. Kann man zwischen zwei Wegen zu einem Ziel wählen, ist es nicht unbedingt der geometrisch gesehen kürzere, der auch den leichtesten und schnellsten darstellt, d.h. denjenigen, der in praktischer Hinsicht ausschlaggebend dafür ist, wie nah oder fern das Ziel letztlich ist. Nehmen wir an, ich habe mich aus meiner eigenen Wohnung ausgeschlossen und stehe nun vor meiner Haustür. Mein Flur mag nur wenige Zentimeter von meiner jetzigen Position entfernt sein, dennoch ist er unzugänglich und somit fern. Entscheide ich mich dann, die Wohnung durch die unverschlossene Hintertür zu betreten, werde ich im selben Augenblick, in dem ich mich von der Haustür abwende, mich zwar im geometrischen Sinne vom Flur entfernen, mich ihm aber in praktischer Hinsicht nähern (vgl. Heidegger 1986: 106).

4. Eine Stadt in 20 Kilometern Entfernung, gut mit dem Fahr-
rad erreichbar, kann entschieden näher sein als der uner-
klimmbare Berggipfel in nur wenigen Kilometern Entfernung. „Ein ‚objektiv' langer Weg kann kürzer sein als ein
‚objektiv' sehr kurzer, der vielleicht ein ‚schwerer Gang'
ist und einem unendlich lang vorkommt" (Heidegger 1986:
106). Mit anderen Worten: Mag ein geometrisches Maß
noch so exakt sein, es braucht deswegen noch lange nicht
auch relevant und brauchbar zu sein, wenn es darum geht,
die eigentliche Räumlichkeit zu bestimmen.

§ 24 fasst Heideggers Überlegungen zusammen. Die Räumlichkeit des Daseins hat den Charakter des „Raum-gebens"
oder auch des „Einräumens" (Heidegger 1986: 111). Nur weil
das In-der-Welt-sein des Daseins den Charakter einer existenzialen Räumlichkeit trägt, kann das umweltlich Zuhandene
räumlich erscheinen: Das Zuhandene wird vom Seinsverständnis des Daseins in seiner Räumlichkeit freigegeben und
erschlossen.

Heideggers Analyse hat also zweierlei Raum erschlossen.
Einerseits haben wir den exakten dreidimensionalen Raum,
den die Geometrie beschreibt, andererseits den Raum, den der
gebrauchende Umgang des Daseins mit dem Zuhandenen entfaltet. Und das Verhältnis der beiden zueinander? Unmittelbar
könnte man der Meinung sein, dass die geometrische Messung
uns eine neutrale und objektive Beschreibung dessen gäbe,
wie der Raum an sich im Grunde beschaffen sei. Dahingegen
kann eine Auffassung, die den Abstand nach Kriterien wie z.
B. Zugänglichkeit beurteilt, nur als subjektivistisch und im
besten Fall anthropozentrisch betrachtet werden. Wie kann ein
Faktor wie ‚Beschwerlichkeit' uns etwas über den Raum
selbst lehren?

Heideggers Ablehnung dieses Einwands knüpft an seine
Erörterung des Verhältnisses von Zuhandenem und Vorhandenem an. Nur weil der Raum uns in einem praktischen Kontext
zugänglich ist, lässt er sich auch zum Gegenstand der Erkenntnis machen. In unserem brauchenden Umgang mit Zuhandenem kann der Bedarf an exakteren Messungen entstehen, z.B.

wenn es darum geht, Land zu vermessen oder Häuser zu konstruieren. In diesen Zusammenhängen wird der Raum ausdrücklich ins Thema gehoben. Abstrahiert man dann völlig
von den praktischen Interessen, kann er zum Gegenstand eines
reinen Betrachtens und Theoretisierens gemacht werden. Er-
wartungsgemäß betont Heidegger jedoch nochmals, dass eine
einseitige Konzentration auf die geometrischen Verhältnisse
zu einer Neutralisierung und „Entweltlichung" des ursprüng-
lichen Raumes führen würde; die Räumlichkeit des Ge-
brauchszusammenhanges würde zu einer reinen Dimensiona-
lität transformiert. Dabei verlöre das Zuhandene jedoch seinen
eigensten Verweisungscharakter, und der Raum würde von
einem bedeutenden Gebrauchszusammenhang auf eine bloße
Ansammlung von ausgedehnten Dingen reduziert werden.

Zu behaupten, der physische Raum sei fundamentaler als
der handlungsorientierte Raum, ist somit keineswegs das Urteil einer unmittelbaren oder besonders nüchternen Betrachtung, sondern lediglich Ausdruck ganz bestimmter metaphy-
sischer Vorurteile. Der physische Raum ist sicherlich der
fundamentale aus einer rein naturwissenschaftlichen Perspektive – mehr aber auch nicht. Der Fundierungszusammenhang,
mit dem die Naturwissenschaft operiert, ist eben ein naturwis-
senschaftlicher, keine phänomenologischer.

Wenn Heidegger von der Räumlichkeit des Daseins und
insbesondere von der Räumlichkeit, die mit dem gebrauchen-
den und hantierenden Umgang des Daseins mit dem innerweltlich Seienden verbunden ist, spricht, sollte eine Voraussetzung deutlich geworden sein, die Heidegger zwar ständig
macht, ohne sie jedoch eigens zu thematisieren, nämlich dass
das Dasein leiblich ist. Ein einziges Mal nur kommt er ausdrücklich auf dieses Thema zu sprechen, im § 23, wo es heißt,
dass die Räumlichkeit des Daseins mit seiner Leiblichkeit
verbunden ist. Allein, wie Heidegger sogleich hinzufügt, ber-
ge diese eine eigene Problematik in sich, die am gegebenen
Ort nicht weiter zu behandeln sei (Heidegger 1986: 108).
Dieses Schweigen ist verblüffend, nicht zuletzt in Anbetracht
dessen, dass seine Terminologie, insbesondere seine Unterscheidung zwischen dem Zuhandenen und dem Vorhandenen,

darauf anspielt, dass das Dasein leiblich ist (und gemeinhin auch Hände hat).

Nun ließe sich zwar einwenden, dass das Dasein selbstverständlich leiblich sei, aber eine nähere thematische Erörterung sich gerade deshalb nicht allein erübrige, sondern sogar zu vermeiden sei: Sie erübrigt sich, weil eine Analyse des Raumes wie der Seinsfrage sich ohne weiteres auch ohne ausdrückliche Einbeziehung des Leibes durchführen ließe. Sie ist zu vermeiden, weil eine nähere thematische Erörterung des Leibes sehr leicht zu einem entscheidenden Missverständnis der Fundamentalontologie verführen könnte, insofern ihre Grenzen zur Anthropologie oder gar Biologie verwischt würden.

Es kann jedoch kein Zweifel daran bestehen, dass diese Antworten allzu voreilig wären. Heidegger hebt selbst auf den allerersten Seiten von *Sein und Zeit* hervor, dass man sich in einer philosophischen Untersuchung niemals auf Selbstverständlichkeiten berufen dürfe. Oder wie Heidegger es an anderer Stelle im selben Buch ausdrückt mit einer Formulierung, die zwar auf Kant gemünzt ist, sich jedoch auch auf ihn selbst anwenden ließe: „[D]as ständige Gebrauchmachen von dieser Verfassung entbindet nicht von einer angemessenen ontologischen Explikation, sondern fordert sie" (Heidegger 1986: 109). Darüber hinaus kann es als ausgemacht gelten, dass nicht allein die Daseinsanalyse, sondern auch die phänomenologische Raumanalyse und nicht zuletzt die Seinsfrage eine entscheidende Bereicherung erfahren, sobald die Leiblichkeit in die Untersuchung miteinbezogen werden.

Skizzieren wir, um die Mängel in Heideggers Analyse zu veranschaulichen, einige Überlegungen zum Verhältnis von Räumlichkeit und Leiblichkeit, die eine ganze Reihe anderer Phänomenologen angestellt haben, insbesondere Husserl, Sartre und Merleau-Ponty.[8]

---

[8]   Die vorliegende Darstellung beschränkt sich im Großen und Ganzen auf die Position des frühen Heidegger, wie sie in *Sein und Zeit* zum Ausdruck kommt. Man findet jedoch einige äußerst bemerkenswerte Hinweise in dem Band *Zollikoner Seminare*, der neben Referaten der von Heidegger in Zusammenarbeit mit dem Psychiater Medard Boss in den Jahren 1959-69

C. Die Entdeckung des Leibes

Husserls Betrachtungen zum perspektivischen Erscheinen des
perzeptuellen (räumlichen und dinglichen) Gegenstandes bilden einen Grundzug seiner Perzeptionsanalyse. Der Gegenstand ist niemals in seiner Totalität gegeben, sondern erscheint
jeweils perspektivisch. Eine Prüfung dieses anscheinend ba-
nalen Umstands enthüllt jedoch eine Reihe Implikationen, die
für ein Verständnis der Bedeutung, die Husserl dem Leib bei-
misst, von unmittelbarer Relevanz sind.

Jedes perspektivische Erscheinen impliziert nicht allein etwas, das erscheint, es setzt auch jemanden voraus, dem es
erscheint. Macht man sich nun klar, dass das, was räumlich
erscheint, je in einem bestimmten Abstand und einem bestimmten Winkel zum Betrachter in Erscheinung tritt, sollte
sich der Hauptgedanke deutlich abzeichnen. Jedes perspektivische Erscheinen setzt voraus, dass das erfahrende Subjekt
selbst in einem Bezug zum Raum steht. Da das Subjekt nun
einzig auf Grund seiner Leiblichkeit eine räumliche Position
einnimmt, kann Husserl erklären, dass räumliche Gegenstände allein einem *inkarnierten Subjekt* erscheinen können und
von ihm konstituiert werden. Das Subjekt ist leiblich verankert, und entsprechend ist die Erscheinungsweise der Welt von
unserer Leiblichkeit bestimmt. Die Welt ist uns also, wenn
man so will, in leiblicher Erschlossenheit gegeben.

Diese Überlegungen zum Leib als Möglichkeitsbedingung
der perzeptuellen Intentionalität lassen sich noch radikalisie-
ren, sobald man begriffen hat, wie eng Wahrnehmung und
Handlung miteinander verknüpft sind. Unsere Perzeption ist

---

abgehaltenen Seminare auch Mitschriften von Gesprächen zwischen Heidegger und Boss sowie Auszüge aus ihrem Briefwechsel enthält. In einem
Meinungsaustausch am 3. März 1972 konfrontierte Boss Heidegger mit
Sartres Verärgerung darüber, dass *Sein und Zeit* nicht mehr als sechs Zeilen
über den Leib enthalte. Darauf antwortete Heidegger: „Sartres Vorwurf
kann ich nur mit der Feststellung begegnen, dass das Leibliche das Schwie-
rigste ist und dass ich damals eben noch nicht mehr zu sagen wusste"
(Heidegger 1994: 292).

auch eine Frage aktiver Untersuchung, nicht nur rein passive Rezeption. Der Leib fungiert somit nicht allein als stabiles Orientierungszentrum, seine Bewegung spielt auch eine entscheidende Rolle für die Konstitution der perzeptuellen Wirklichkeit. Gibson hat darauf hingewiesen, dass wir mit beweglichen Augen sehen, die wiederum in einem drehbaren Kopf sitzen, der mit einem Körper verbunden ist, der sich seinerseits im Raum umherbewegen kann. Eine stationäre Perspektive ist somit nichts als ein Grenzfall einer beweglichen Perspektive (Gibson 1979: 53, 205).

Entsprechend lenkt Husserl unsere Aufmerksamkeit auf die Bedeutung, die unsere Bewegung (die Bewegung des Auges, die Berührung der Hand, der Gang des Leibes usw.) für die Erfahrung des Raumes und der räumlichen Gegenstände spielt (Husserl 1966: 299). Letztlich lautet seine These, dass diese Erfahrungen eine eigene Art leiblichen *Selbstbewusstseins* voraussetzen. Unsere Erfahrung perzeptueller Objekte ist begleitet von einem mitfungierenden, jedoch unthematisierten Erlebnis der Position und Bewegung des Eigenleibes, einem sogenannten *kinästhetischen* Erlebnis. Berühre ich die Oberfläche eines Apfels, ist der Apfel gleichzeitig gegeben mit dem Erlebnis der Bewegung meiner Finger; betrachte ich den Flug eines Vogels, ist der fliegende Vogel gleichzeitig gegeben mit dem Erlebnis der Bewegung meiner Augen. Zugespitzt ließe sich also sagen, dass perzeptuelle Intentionalität für Husserl eine Bewegung ausmacht, die wohlgemerkt aber nur von einem leiblichen Subjekt ins Werk gesetzt werden kann (Husserl 1973e: 176).[9]

Husserls These besagt jedoch nicht allein, dass das Subjekt nur Objekte perzipieren und Werkzeug und andere Gebrauchsgegenstände verwenden kann, insofern es einen Leib *besitzt*, sondern vielmehr, dass es eben nur perzipieren und Gegenstände verwenden kann, insofern es ein Leib *ist*, d.h. insofern es sich bei ihm um eine durch und durch leibliche Subjektivität handelt. Nehmen wir an, ich sitze in einem Restaurant. Ich möchte mit dem Essen beginnen und greife zu Messer und

---

9   Vgl. Merleau-Ponty 1964: 284.

Gabel. Wie ist mir das möglich? Um Messer und Gabel greifen zu können, muss ich ihre Position in ihrem Verhältnis zu *mir selbst* kennen. Meine Wahrnehmung des Objektes muss also Informationen über mich selbst enthalten, sonst würde ich auf ihrer Grundlage nicht handeln können. Auf dem Tisch liegen die erscheinende Gabel links (von mir) und das erscheinende Messer rechts (von mir), und der erscheinende Teller steht (mir) gegenüber. Der Leib ist also dadurch gekennzeichnet, in jeder Erfahrung als der absolute Nullpunkt gegenwärtig zu sein, als das indexikalische „Hier", auf das jeder erfahrene Gegenstand ausgerichtet ist. Als inkarniertes Subjekt bilde ich den Referenzpunkt, auf den sich alle meine perzeptuellen Gegenstände beziehen. Der Leib bildet das Zentrum, um das herum der *egozentrische* Raum sich entfaltet, indem dieser stets auf sein absolutes Hier bezogen bleibt (Husserl 1966: 298; 1952: 159; 1962b: 392), weshalb Husserl auch schreibt, dass eine jede Welterfahrung durch unsere Leiblichkeit vermittelt und ermöglicht ist (Husserl 1962a: 220; 1952: 56; 1971: 124). Auf diese Argumentation stößt man ebenfalls bei Merleau-Ponty und Sartre, hier jedoch so formuliert, dass außer Frage steht, dass die Einbeziehung des Leibes nicht ausschließlich mit dem perzeptionstheoretischen Paradigma verbunden ist. Wenn ich die Welt erfahre, ist der Leib – um nun Merleau-Pontys Formulierung zu wählen – mitgegeben als Mittelpunkt der Welt, dem, obgleich selbst unerfasst (d.h. nur vor-reflexiv bewusst), alle Gegenstände ihr Gesicht zukehren (Merleau-Ponty 1945: 97/1966: 106). Sartre spricht von einem von Gebrauchsbezügen strukturierten Raum, in dem die Position und Ausrichtung des einzelnen Gegenstandes auf ein *praktisches* Subjekt bezogen ist. Dass das Messer auf dem Tisch liegt, heißt, dass ich nach ihm greifen kann. Der Leib ist somit stets gegenwärtig in jedem Vorhaben und in jeder Wahrnehmung – er ist unser Standpunkt und Ausgangspunkt, kurz unser totales Bezugszentrum (1943: 383ff/Sartre 1993: 566ff). Deswegen lässt sich der Leib auch nicht zunächst als solcher erkunden, um erst dann auch in seinem Weltbezug untersucht zu werden. Der Leib ist keine Scheibe zwischen mir und der Welt, sondern unser primäres In-der-

Welt-sein – dank seiner sind wir je schon draußen bei den Dingen. So schreibt Sartre in *L'être et néant*:

> So bezieht sich das Wahrnehmungsfeld auf ein Zentrum, das durch diese Bezogenheit objektiv definiert und *in eben dem Feld* situiert ist, das sich um es herum orientiert. Doch dieses Zentrum als Struktur des betrachteten Wahrnehmungsfeldes sehen wir nicht: *wir sind es*. [...] So lässt sich also mein In-der-Welt-sein, einfach weil es eine Welt *realisiert*, durch die Welt, die es realisiert, sich selbst als ein Innerweltlich-sein anzeigen, und das kann gar nicht anders sein, denn es gibt keine andere Art, in Kontakt zur Welt zu treten, als *von der Welt zu sein*. Es wäre mir unmöglich, eine Welt zu realisieren, in der ich nicht wäre und die bloßes Objekt darüberschwebender Kontemplation wäre. Sondern im Gegenteil, ich muss mich in der Welt verlieren, damit die Welt existiert und ich sie transzendieren kann. So ist es ein und dasselbe, ob ich sage, dass ich in die Welt eingetreten, „zur Welt gekommen" bin oder dass es eine Welt gibt oder dass ich einen Leib habe. (Sartre 1943: 381/1993: 562ff. Übersetzung modifiziert)

Die phänomenologische Erörterung des Leibes nimmt ihren Ausgangspunkt in seiner primären Erscheinungsform. Ich habe bereits erwähnt, dass die perspektivische Erscheinung meines perzeptuellen Gegenstandes mir ein (implizites) Bewusstsein meiner Leiblichkeit verleiht. Aber wie genau ist uns der Leib gegeben, wenn wir Malereien betrachten oder z.B. Kaffee mahlen? Befindet er sich unter den perzeptuell gegenwärtigen Objekten? Handelt es sich um eine indirekte Erfahrung des eigenen Leibes als räumlichem Objekt? Oder, um mit Heidegger zu fragen: Ist die Konzentration auf den Leib nicht Ausdruck einer unangemessenen Auslegung des Daseins als etwas Vorhandenem? Sowohl Sartre als auch Husserl und Merleau-Ponty haben jedoch darauf hingewiesen, dass der Leib nicht nur ein Objekt unter anderen darstellt. Seine Erscheinungsweise unterscheidet sich grundlegend von gewöhnlichen Gegenständen. Während ich mich räumlichen Objekten nähern oder entfernen kann, ist der Leib stets gegenwärtig als Bedingung der Möglichkeit, überhaupt eine Perspektive auf die Welt haben zu können. Ursprünglich bildet nämlich gerade er meine Perspektive auf die Welt und befindet sich eben deswegen auch nicht unter den Objekten, auf die ich eine bestimmte Perspektive habe. Behauptete man das Gegenteil, würde man sich in einem unendlichen Regress verlieren (Sartre 1943: 385/1993: 569; Merleau-Ponty 1966: 116/1945:107). Der Leib ist gegenwärtig, jedoch nicht als ein permanentes perzeptuelles Objekt, sondern als ich selbst. Sartre sagt sogar, dass der Leib unsichtbar gegenwärtig ist, weil er nämlich gelebt und eben nicht erkannt wird (Sartre 1943: 388/1993: 574). Unser fungierender Leib ist mit anderen Worten auf eine so grundlegende und durchgreifende Weise anwesend, dass wir ihn ausdrücklich nur bemerken, wenn unsere vertraute Interaktion mit der Welt gestört wird, bei willkürlicher Reflexion (philosophischen Betrachtungen oder wenn wir uns im Spiegel erblicken) oder bei Reflexion, die uns durch Grenzsituationen wie Krankheit, Erschöpfung und Schmerz aufgezwungen wird.

Unter gewöhnlichen Umständen brauche ich meinen Arm nicht visuell wahrzunehmen, um zu wissen, wo er ist. Möchte ich zur Gabel greifen, brauche ich nicht allererst meine Hand im Raum zu lokalisieren – ich brauche nicht nach ihr zu suchen, da ich sie ja immer bei mir habe. Der Leib ist überhaupt auf eine völlig andere Art gegeben als räumliche Gegenstände. Wenn Husserl von der Position und Bewegung des fungierenden Leibes spricht, bezieht er sich weder auf die Bewegung eines räumlichen Objektes noch auf eine Position im geometrischen Raum. Die Räumlichkeit des Leibes ist nicht an eine *Position* gebunden, sondern an eine *Situation*. Das „Hier" des Leibes ist kein Raumpunkt unter anderen, sondern ein Anker in der Welt, der alle anderen Koordinaten allererst ermöglicht. Das „Hier" des Leibes ist mit andren Worten ein absolutes „Hier", das im Gegensatz zu dem Ort, an dem ich mich gerade befinde, für mich niemals ein „Dort" werden kann (Husserl 1952: 158f; 1973d: 265; Merleau-Ponty 1945: 162, 164, 173/1966: 169, 178).[10]

---

[10] Der Unterschied zu Heidegger ist hier bemerkenswert. Heidegger deutet nämlich konsequent die Räumlichkeit des Daseins ekstatisch. Das Dasein befindet sich nicht in erster Linie „hier", sondern „dort". In seinem Besorgen des innerweltlich Seienden hält sich das Dasein bei den Gebrauchsge-

Ursprünglich, d.h. vorreflexiv, ist der Leib nicht perspektivisch gegeben, und ich bin mir selbst nie als räumliches Objekt gegeben oder als „in" einem räumlichen Objekt „waltend" (Husserl 1973b: 240). Etwas anderes zu behaupten, hieße, unsere eigenste leibliche Existenz misszuverstehen:

> Das Problem des Leibes und seiner Bezüge zum Bewusstsein wird oft dadurch verdunkelt, dass man zuerst den Körper als ein bestimmtes *Ding* setzt, das seine eigenen Gesetze hat und sich von außen her definieren lässt, während man das Bewusstsein durch den ihm eigenen Typus innerer Intuition erreicht. Wenn ich nämlich, nachdem ich *„mein"* Bewusstsein in seiner absoluten Interiorität und durch eine Reihe reflexiver Akte erfasst habe, es dann mit einem bestimmten lebenden Objekt zu vereinigen suche, das aus einem Nervensystem, einem Hirn, aus Drüsen, aus Verdauungs-, Atmungs- und Kreislauforganen besteht, deren Materie selbst chemisch als Wasserstoff-, Kohlenstoff-, Stickstoff-, Phosphoratome usw. analysierbar ist, begegne ich unüberwindlichen Schwierigkeiten: aber diese Schwierigkeiten kommen daher, dass ich mein Bewusstsein nicht mit *meinem* Leib, sondern mit dem Körper *der anderen* zu vereinigen suche. Denn der Körper, dessen Beschreibung ich soeben skizziert habe, ist nicht *mein* Leib, so wie er *für mich* ist. (Sartre 1943: 365/1993: 539. Übersetzung modifiziert)

Sartre warnt davor, unser Verständnis des Leibes von einer physiologischen Fremdperspektive bestimmen zu lassen, die ihren Ursprung letztlich in der anatomischen Studie des Leichnams hat (Sartre 1943: 410/1993: 606). Auch Husserl betont diese maßgebliche Unterscheidung zwischen a) dem unthematischen, vor-reflexiven, gelebten Leibbewusstsein, das eine jede räumliche Erfahrung begleitet und sie ermöglicht, und b) der thematischen und objektivierenden Erfahrung vom Körper. Man hat also zu unterscheiden zwischen dem *fungierenden*, *subjektiven und vorreflexiven Leib* und dem *thematisierten und objektiven Körper* und sich ihr Fundierungsverhältnis klar zu machen. Mein ursprüngliches Leibbewusstsein ist keinerlei

---

genständen, dem Zeug, auf, und ihr „Dort" bildet das Primäre – erst durch dieses versteht das Dasein sein eigenes „Hier" (Heidegger 1986: 107). Aber ist das wirklich plausibel? Kann etwas wirklich anders als im Verhältnis zu einem leiblichen „Hier" „dort" oder „links" oder „in der Nähe" erscheinen?

Gegenstandsbewusstsein, es ist keine Erfahrung vom Körper als räumlichem Objekt (Husserl 1973b: 240). Vielmehr handelt es sich hierbei um eine *Selbst*objektivierung, die wie jede andere perzeptuelle Erfahrung von dem unthematisierten mitfungierenden Leibbewusstsein abhängig ist, das sie allererst ermöglicht:

> Es ist hier auch zu beachten, dass bei aller dinglichen Erfahrung der Leib miterfahren ist als f u n g i e r e n d e r Leib (also nicht als bloßes Ding) und dass er, wo er selbst als Ding erfahren ist, eben doppelt und in eins als erfahrenes Ding und als fungierender Leib erfahren ist. (Husserl 1973c: 57)

Mit anderen Worten ist die Konstitution des Leibes als Objekt keine Tätigkeit, die von einem disinkarnierten Subjekt ausgeübt wird. Dahingegen handelt es sich um eine Selbstobjektivierung der fungierenden Leiblichkeit – sie wird von einem je schon leiblich existierenden Subjekt vollzogen. Ursprünglich habe ich kein objektivierendes Bewusstsein *vom* Leib, ich *bin* der Leib (Sartre 1943: 371f, 386f, 394f/1993: 549f, 570ff, 583).

Es steht außer allem Zweifel, dass die phänomenologischen Leibanalysen anderes und mehr sind als bloße regional-ontologische Untersuchungen. Bei Husserl wie bei den französischen Phänomenologen spielt der Leib eine ausschlaggebende Rolle, wenn es um die Analyse unseres Verhältnisses zu uns selbst, zur Welt und zu anderen Subjekten geht – die Einbeziehung des Körpers transformiert mit anderen Worten unser Verständnis des *Selbstbewusstseins*, der *Intentionalität* und der *Intersubjektivität*. Bei Husserls Betonung der Leiblichkeit des transzendentalen Subjekts handelt es sich also um eine radikale Distanzierung von jenem Begriff des transzendentalen Ich und letztlich auch von jenem Begriff der Transzendentalphilosophie, den ursprünglich Kant einführte. Für Kant handelte es sich beim transzendentalen Ich um ein überpersönliches, logisch deduziertes und abstraktes Begründungsprinzip, für Husserl dahingegen um ein konkretes und endliches Subjekt. Während eine stringente Transzendentalphilosphie im klassischen (Kantischen)

Sinne behaupten würde, dass Bereiche wie Psychopathologie, Soziologie, Anthropologie und Ethnologie empirisch-
mundane Problemfelder ohne jede transzendentalphilosophische Relevanz bilden, trifft man bei dem späten Husserl
wie auch bei Merleau-Ponty auf eine bedeutende und entscheidende Erweiterung des transzendentalen Gegenstands-
feldes, insofern sie Fragen wie Leiblichkeit, Normalität,
Generativität, Tradition und Zeitlichkeit radikal ernst nehmen.[11] Um nur einen einzelnen Aspekt zu erwähnen: Es ist
durchaus konsequent, dass eine Leibanalyse Überlegungen
zu *Tod* und *Geburt* veranlasst und damit zu einem vertieften
Verständnis unserer Faktizität führt. Geboren zu sein heißt
eben nicht, selbst sein eigenes Fundament zu bilden, sondern
in einer intersubjektiven Natur und Kultur situiert zu sein –
heißt, sich in einem geschichtlichen und soziologischen Kontext zu befinden, den man nicht selbst gewählt hat (Merleau-
Ponty 1945: 399/1966: 398).

> Nicht also haben wir uns zu fragen, warum das denkende Subjekt
> oder Bewusstsein sich als Mensch, als inkarniertes Subjekt oder als
> geschichtliches Subjekt apperzipiert – diese Apperzeption ist keine
> sekundäre Operation, die es im Ausgange von seiner absoluten Exis-
> tenz vollzöge: der absolute [Bewusstseins-]Fluss profiliert sich un-
> ter seinem Blick als „*ein* Bewusstsein" oder als Mensch oder als
> inkarniertes Subjekt, weil er ein Gegenwartsfeld – der Gegenwart
> bei sich selbst, bei Anderen und bei der Welt – ist und diese Gegen-
> wart ihn der Natur- und Kulturwelt zuwirft, von der her er sich allein
> versteht. (Merleau-Ponty 1945: 515/1966: 512)

Gerade vor diesem Hintergrund erscheint Heideggers feh-
lende Erörterung der Leiblichkeit des Daseins problematisch. Nicht allein seine Raumanalyse gerät auf diese Weise
ziemlich trocken und steril – man braucht bloß Heideggers
Erörterung der *Ausrichtung* des Daseins mit entsprechenden
Analysen bei Husserl, Sartre oder Merleau-Ponty zu verglei-
chen –, sondern auch eine ganze Reihe anderer Analysen
bleiben formalistisch und unanschaulich, wie z.B. seine Er-

---

[11]   Vgl. Zahavi 1996.

örterung der Intersubjektivität,[12] ganz zu schweigen von der Untersuchung der Faktizität und des In-der-Welt-seins des Daseins selbst.

---

[12]   Derrida hat in einem Artikel darauf aufmerksam gemacht, dass Heidegger – anders als andere Phänomenologen – in Bezug auf die Sexualität auffallend schweigsam ist. Heidegger hat das Neutrum „das Dasein" als Grundbegriff gewählt, und wie er selbst hervorhebt, bedeutet diese Neutralität des Daseins auch eine Geschlechtslosigkeit (Heidegger 1978b: 172). Derrida vermutet, dass dieser Schritt mit Heideggers Wunsch zusammenhängt, den Unterschied zwischen seiner eigenen ontologischen Analyse einerseits und einer empirischen Anthropologie oder Biologie andererseits zu betonen (Derrida 1983: 572; vgl. Sartre 1943: 451f/1993: 669ff). Mit anderen Worten betrachtet Heidegger die sexuelle Differenz mit Entschiedenheit nicht als einen wesentlichen Aspekt der existentialontologischen Struktur des Daseins. Überraschenderweise – in Anbetracht von Heideggers sonstiger Kritik an Husserl – fügt er jedoch hinzu, dass dieses neutrale Dasein nicht mit dem faktisch existierenden Dasein verwechselt werden dürfe. Das faktische Dasein sei leiblich und deswegen auch geschlechtlich (Heidegger 1978b: 172f). Es liegt nahe anzunehmen, dass Heideggers Schweigen zur Sexualität eine Folge seiner fehlenden Behandlung des Leibes darstellt.

KAPITEL 8
INTERSUBJEKTIVITÄT

Ein klassischer Einwand gegen die Phänomenologie lautet, dass sie keine überzeugende Intersubjektivitätstheorie zu bieten habe, entweder, weil sie nun einmal keinen Sinn habe für die Bedeutung der Intersubjektivität, oder auch weil sie aus prinzipiellen Gründen nicht imstande sei, dem Thema gerecht zu werden. Um die klassischen Argumente zusammenzufassen: Insofern die Aufgabe der Phänomenologie darin besteht, die Möglichkeitsbedingungen der Erscheinung zu untersuchen, und diese Untersuchung als Analyse des Verhältnisses zwischen dem Subjekt und dem ihm Gegebenen durchzuführen ist, d.h. als Analyse des Verhältnisses des konstituierenden Subjekts zum konstituierten Objekt, ist eine adäquate Erörterung des Anderen für die Phänomenologie schlechterdings nicht möglich. Von einem fremden Subjekt, dem Anderen zu sprechen, heißt von etwas zu sprechen, das zwangsläufig seine Gegebenheit überschreitet. Als fremdem Subjekt eignet dem Anderen eine Selbstgegebenheit, die mir immer unzugänglich bleiben wird: Diese entzieht sich auch einer phänomenologischen Untersuchung, und so bleibt die Phänomenologie, was ihren Ausgangspunkt nicht weniger als ihre Resultate angeht, im Solipsismus befangen.

Zwei so bedeutende Gesellschaftstheoretiker wie Niklas Luhmann und Jürgen Habermas haben ganz ausdrücklich bestritten, dass es Husserl gelungen sein sollte, eine überzeugende Subjektivitätstheorie zu formulieren. Luhmann hat gesagt, Husserls Theorie sei so schwach, dass man sie als „Ausdruck einer Verlegenheit, ja als das Eingeständnis einer Niederlage" betrachten müsse (Luhmann 1995: XLI). Habermas hat mehrmals kritisch angemerkt, dass die *Sprache* die Grundlage der Intersubjektivität bilde, und an der Phänomenologie bemängelt, dass sie mit unüberwindlichen Problemen behaftet sei, gerade weil sie die Bedeutung der sprachlichen Interaktion verkannt

habe (Habermas 1988: 16, 88). Insofern die Phänomenologie
ganz grundsätzlich in der Ersten-Person-Perspektive ihren Ausgangspunkt nehme, werde auch immer eine gewisse Asymmet-
rie zwischen dem Subjekt und dem Anderen bestehen, und so
lange das der Fall sei, so lange also keine völlige Gegenseitig-
keit zwischen den betreffenden Subjekten erreicht sei, müsse
die Analyse als missraten betrachtet werden.

Die Berechtigung dieser Kritik ist jedoch äußerst fragwür-
dig. Nicht allein ist der sogenannte *linguistic turn* in den ver-
gangenen Jahren einem erneuten Interesse am Bewusstsein
gewichen. Nichts deutet auch darauf hin, dass Luhmann oder
Habermas überhaupt über eine fundierte Kenntnis der Hus-
serlschen Intersubjektivitätstheorie verfügten.[13] Ganz im Allgemeinen kann niemand, der wirklich mit der phänomenologischen Tradition vertraut ist, behaupten, Phänomenologen
hätten die philosophische Bedeutung der Intersubjektivität
unterschätzt. Nicht allein wird der Intersubjektivität – ob man
sie nun versteht als ein konkretes Verhältnis zwischen dem
Selbst und dem Anderen, als sozial strukturierte Lebenswelt
oder als transzendentales Begründungsprinzip – eine ausschlaggebende Rolle zugemessen, sondern keine andere philosophische Strömung hat auch eine solche Mannigfaltigkeit
von Analysen der verschiedenen Modalitäten der Intersubjektivität aufzubieten wie die Phänomenologie.

Im Folgenden sollen einige Aspekte dieser reichen und
fruchtbaren Auseinandersetzung erörtert werden.

A. Empathie und das Problem des Fremdpsychischen

Einige philosophische Schulrichtungen haben das Intersubjektivitätsproblem als das Problem des Fremdpsychischen

---

[13] Für eine ausführliche Kritik von Habermas Angriff auf die phänomenologische Intersubjektivitätsanalyse s. Zahavi 1996, 2002c und Schmid
2000.

definiert. Ein klassischer Lösungsversuch dieses Problems hat unter der Bezeichnung *Analogieargument* eine gewisse Berühmtheit erlangt. Das Argument lautet folgendermaßen: Mein Zugang zum Bewusstsein anderer verläuft immer und jeweils über ihr körperliches Verhalten. Wie aber soll mir die Erfahrung des anderen Körpers Zugang zum anderen Bewusstsein geben können? Ich kann mein eigenes Bewusstsein zum Ausgangspunkt nehmen und beobachten, wie es mit meinem körperlichen Verhalten verbunden ist. Sodann kann ich meine Aufmerksamkeit auf das körperliche Verhalten der anderen Person richten, und indem ich Analogien zwischen meinem körperlichen Verhalten und dem körperlichen Verhalten des Anderen feststelle, kann ich darauf *schließen*, dass das körperliche Verhalten des Anderen vermutlich genauso mit Bewusstseinsphänomenen verbunden ist wie mein eigenes. In meinem Fall z.B. ist Schmerz gern mit Jammern und Weinen verbunden. Bemerke ich nun, dass jemand jammert und weint, kann ich darauf schließen, dass er dann wohl auch Schmerz empfindet. Obgleich mir dieser Schluss kein unfehlbares Wissen vom Anderen gewährt, und obgleich er mir nicht gestattet, das Bewusstsein anderer zu *erfahren*, gibt er mir zumindest eher Anlass, an die Existenz des Fremdpsychischen zu glauben, als sie zu leugnen.[14]

Diese Lösung des Intersubjektivitätsproblems hat unter Phänomenologen nicht gerade großen Jubel ausgelöst – sie ist ganz im Gegenteil Gegenstand nahezu einstimmiger Kritik gewesen. Zumindest einige der einflussreicheren kritischen Einwände seien hier erwähnt. Zunächst wäre zu erwägen, ob meine primäre Selbsterfahrung überhaupt rein psychischer Art ist, und ob sie tatsächlich vor und isoliert von jeglicher Erfahrung von anderen erfolgt. Des Weiteren geht das Analogieargument davon aus, dass wir niemals die Gedanken und Gefühle des Anderen erfahren, sondern nur auf ihre mehr oder weniger wahrscheinliche Existenz schließen können auf Grundlage des tatsächlich Gegebenen, nämlich des körper-

---

[14] Eine klassische, jedoch etwas abweichende Formulierung findet man bei Mill 1867: 237f.

lichen Verhaltens. Einerseits scheint diese Annahme eine allzu intellektualistische Auffassung vorauszusetzen – nicht nur Tiere und Kleinkinder scheinen unsere Annahme zu teilen, dass es andere bewusste Wesen gibt, und in ihrem Fall kann es kaum als Schluss einer rein logischen Überlegung gelten; andererseits ist diese Anschauung ganz offenbar von einer problematischen Dichotomie zwischen innen und außen, Erlebnis und Verhalten bedingt. D.h. dass eine Lösung des Problems des Fremdpsychischen ein rechtes Verständnis des Verhältnisses von Körper und Bewusstsein (Leib/Seele) voraussetzt. In einem gewissen Sinne sind Erlebnisse nicht innerlich, sie führen kein verborgenes Leben im Hirn, sondern finden Ausdruck im leiblichen Verhalten und Handeln. Erblicke ich ein fremdes Gesicht, *sehe* ich es ganz unmittelbar als z.B. ein freundliches oder feindliches. Außerdem ist das leiblichen Verhalten *sinnvoll* und intentional und als solches weder innerlich noch äußerlich, sondern jenseits dieser künstlichen Distinktion. Merleau-Ponty schreibt:

> An dieser Stelle müssen wir das Vorurteil zurückweisen, das aus Liebe, Hass oder Zorn „innere Wirklichkeiten" macht, die nur demjenigen als dem einzigen Zeugen zugänglich sind, der sie empfindet. Zorn, Scham, Hass, Liebe sind keine psychischen Tatsachen, die in der tiefsten Bewusstseinstiefe des Anderen verborgen sind, es sind von außen sichtbare Betragensweisen und Verhaltensstile. Sie sind *auf* diesem Gesicht oder *in* diesen Gesten und nicht hinter ihnen verborgen (Merleau-Ponty 1996: 67/2002: 72).

Auf Grund solcher und ähnlicher Überlegungen haben Phänomenologen oft erklärt, dass wir nicht erst einen physischen Körper erfahren, um dann im nachhinein uns die Existenz einer fremden Subjektivität zu erschließen – vielmehr sehen wir uns in der konkreten Begegnung von Angesicht zu Angesicht selbst weder mit einem bloßen Körper noch mit einem verborgenen Bewusstsein, sondern mit einer Einheit konfrontiert: Wir sehen die Wut des Anderen, wir fühlen seinen Kummer, wir erschließen uns nicht ihre Existenz. Es ist folglich auch gesagt worden, dass sich das Problem des Fremdpsychischen nicht lösen lässt, solange man nicht begriffen habe, dass der Leib des Anderen sich grundlegend von leblosen

Gegenständen unterscheide, wie auch unsere Erfahrung vom Leib des Anderen von unserer gewöhnlichen Gegenstandserfahrung radikal verschieden sei. Das Verhältnis zwischen dem Selbst und dem Anderen wird nicht erst durch einen Analogieschluss gestiftet. Vielmehr muss man einsehen, dass es eine ganz besondere, irreduzierbare Bewusstseinsmodalität gibt, eine besondere Art der Intentionalität – gern auch Empathie, Einfühlung oder auch einfach Fremderfahrung genannt –, die es uns eben ermöglicht, die Gefühle, die Begierde und die Vermutungen des Anderen mehr oder minder direkt zu erfahren. Die Aufgabe der Phänomenologie hat folglich auch gerade darin bestanden, die Struktur der Empathie zu erklären und genauer zu bestimmen, worin sich die Empathie von anderen Formen der Intentionalität wie Wahrnehmung, Phantasie oder Erinnerung unterscheide.[15]

Die meisten Phänomenologen sind sicherlich der Meinung, dass man überhaupt nur dann vom Anderen sprechen könne, wenn er auf irgendeine Weise gegeben und erfahrbar ist. Aber dass ich eine wirkliche Erfahrung des Anderen haben kann und mich nicht mit einem bloßen Schluss begnügen muss, bedeutet keineswegs, dass ich den Anderen genau so erfahre wie er sich selbst, oder dass mir das Bewusstsein des Anderen zugänglich ist wie mein eigenes. Das ist jedoch auch nicht das Problem. Hätte ich Zugang zum Bewusstsein des Anderen wie zu meinem eigenen, gibt Husserl zu bedenken, wäre der Unterschied zwischen uns aufgehoben, und der Andere würde statt dessen ein Moment meines Eigenwesens (Husserl 1973a: 139). Die Selbstgegebenheit des Anderen ist mir unzugänglich, aber eben diese Unzugänglichkeit oder Grenze kann ich erfahren: Mache ich eine authentische Erfahrung von einem anderen Subjekt, erfahre ich gerade, dass es sich mir entzieht. Die Gegebenheit des anderen ist also ganz besonderer Art. In Lévinas' Formulierung: „[D]iese Abwesenheit des [A]nderen ist gerade seine Anwesenheit als des [A]nderen" (Levinas

---

[15] Empathie und Sympathie dürfen nebenbei bemerkt nicht verwechselt werden. Empathie (oder Fremderfahrung) ist die Bezeichnung für unsere Erfahrung der Erlebnisse anderer. Sympathie beinhaltet mehr als nur das, hier geht es, wie das Wort schon andeutet, auch um Mitgefühl.

1995: 65/1979: 89). Die Andersheit des Anderen zeigt sich also gerade in seiner Unzugänglichkeit. Es wäre geradezu absurd zu behaupten, dass ich nur dann eine wirkliche Erfahrung des Anderen machte, wenn ich die Gefühle und Gedanken des Anderen ganz genauso erfahren würde wie er selbst. Das würde nämlich heißen, dass ich den Anderen nur dann erführe, wenn ich ihn auf dieselbe Weise erfahren würde, wie ich mich selbst erfahre – und das würde wie gesagt zu einer Aufhebung des Unterschieds zwischen mir selbst und dem Anderen führen, zu einer Negation der Andersheit des Anderen, einer Negation also gerade dessen, was den Anderen zum Anderen macht.

Die Existenz der Empathie als eine einzigartige und irreduzierbare Fremderfahrung anzuerkennen, ist jedoch nicht bereits Ende und Kulmination, sondern erst der Anfang der phänomenologischen Intersubjektivitätstheorie. Sehr bald nämlich taucht eine ganze Reihe neuer Fragen auf: Wie z.B. wollen Phänomenologen eigentlich die Möglichkeit der Empathie erklären? Und lässt sich die Empathie überhaupt auf die konkrete Begegnung mit dem Anderen reduzieren?

B. Leibliche Subjektivität und innere Fremdheit

Obgleich die Anerkennung einer eigenen und besonderen Art der Fremderfahrung verglichen mit dem Analogieargument einen eindeutigen Fortschritt darstellt, kann die Analyse der Intersubjektivität hier nicht stehen bleiben – wir können unser Vermögen, andere wirklich zu erfahren, nicht einfach als primitives und nicht weiter analysierbares Faktum akzeptieren. Vielmehr müssen die Möglichkeitsbedingungen dieser Fremderfahrung aufgedeckt werden. Man hat das Argument angeführt, dass die Wesensart meiner eigenen leiblichen Subjektivität meiner Begegnung mit dem Anderen vorgreift und mein Vermögen mit einem anderen leiblichen Subjekt zu interagieren und es als ein fremdes Subjekt anzuerkennen allererst ermöglicht.

Aber wie und warum sollte mein Leib der Begegnung mit dem Anderen den Weg bahnen? Ein Grundzug des Leibes ist sein seltsamer Doppelstatus. Mein Leib ist als etwas *Inneres* gegeben, als eine Willensstruktur und ein Sensibilitätsfeld, doch ebenso auch als etwas visuell und taktil erscheinendes *Äußeres*. Wie lässt sich nun das Verhältnis zwischen der *Innen-* und der *Außenleiblichkeit*, wie Husserl sie nennt, näher bestimmen (Husserl 1973c: 337)? In beiden Fällen sehe ich mich mit meinem Leib konfrontiert. Aber wie lässt sich der visuell und taktil erscheinende Körper überhaupt als *mein* Leib erfahren? Betrachtet man den Fall näher, in dem meine rechte Hand die linke berührt, fühlt die berührende Hand die Oberfläche der berührten Hand. Wird die linke Hand berührt, ist sie jedoch nicht nur als bloßes Objekt gegeben, da sie ja auch selbst die Berührung spürt. (Wäre das nicht der Fall, würde sie nicht mehr als *meine* Hand erfahren werden. Jeder, der einmal auf dem Rücken mit dem Arm als Kopfkissen eingeschlafen ist, wird wissen, wie unangenehm und fremdartig es ist, mit einem gefühllosen Arm zu erwachen: Er antwortet sozusagen nicht auf Berührung und könnte genauso gut der Arm eines anderen sein.) Der entscheidende Unterschied zwischen der Berührung des eigenen Leibes und jeder anderen Berührung – sei es nun die Berührung anderer Gegenstände oder des Körper eines anderen – besteht darin, dass die erstere eine sogenannte *doppelte Empfindung* mit einschließt. Die doppelte Empfindung stellt uns einer zweideutigen Situation gegenüber, in der wir zwischen zwei verschiedenen Rollen wechseln, nämlich zu berühren und selbst berührt zu werden. Damit gestattet uns die doppelte Empfindung die Dualität des Leibes zu erleben – denn es handelt sich ja um eine und dieselbe Hand, die auf diese zwei verschiedenen Weisen erscheinen kann. Das Entscheidende ist hier, dass das Verhältnis zwischen dem Berührten und dem Berührenden reversibel ist, da ja das Berührende auch berührt wird, und das Berührte auch berührt. Eben diese Reversibilität bezeugt, dass das Innere und das Äußere nur zwei verschiedene Manifestationen desselben sind. Meine Leiberfahrung beinhaltet somit die Erfahrung meiner eigenen „Außenseite", und man hat als Argument angeführt, dass gerade diese Erfahrung entscheidend sei, wenn es um das Verstehen der Möglichkeit einer Fremderfahrung geht: Ich kann einem anderen begegnen, gerade weil meine eigenste Selbsterfahrung ursprünglich je schon eine Dimension der Fremdheit umfasst. Wäre die Subjektivität einzig aus einer exklusiven Ersten-Person-Perspektive zugänglich, wäre sie nur als eine unmittelbare und einzigartige Innerlichkeit gegenwärtig, dann würde ich auch nur einen bestimmten Fall der Subjektivität kennen – den meiner eigenen nämlich –, und ich würde niemals einen anderen verstehen können. Damit wäre es mir nicht nur unmöglich, andere Körper als fremde leibliche Subjekte wiederzuerkennen; mir würde auch die Fähigkeit abgehen, mich selbst im Spiegel wiederzuerkennen, und noch grundlegender wäre ich außerstande, einen bestimmten intersubjektiv beschreibbaren Körper als den meinigen und als mich selbst zu erfassen. Merleau-Ponty schreibt dazu:

> Beruht die einzige Erfahrung des Subjekts in seiner Koinzidenz mit sich selbst, entzieht sich der Geist wesensgemäß einem „fremden Beobachter", und kann er allein von innen sich erkennen, dann ist mein *cogito* notwendig einzig und keinem Anderen „mitteilbar". Wird man sagen, es sei auf Andere „übertragbar"? Doch wie könnte eine solche Übertragung je motiviert sein? Welcher Anblick könnte mir jemals rechtmäßigen Anlass geben außer meiner selbst ein Seiendes von einer Existenzart zu setzen, deren Sinn es erfordert, allein von innen erfassbar zu sein? Lerne ich nicht in mir selbst, die Verbindung von Für-sich und An-sich zu erkennen, so vermag sich mir nie der Mechanismus anderer Leiber zu beleben; habe ich selbst kein Außer-mir, so haben die Anderen kein In-sich. Habe ich ein absolutes Bewusstsein meiner selbst, so ist eine Mehrheit von Bewusstseinssubjekten unmöglich. (Merleau-Ponty 1945: 427f/1966: 425)

Da Intersubjektivität nun ja aber nicht nur möglich ist, sondern auch tatsächlich existiert, muss es also eine Verbindung zwischen meiner Selbsterfahrung und meiner Erfahrung von anderen geben – meine Erfahrung der eigenen Subjektivität muss eine Ahnung, eine Erwartung des Anderen umfassen, muss den Keim der Fremdheit in sich bergen. Soll ich andere leibliche Subjekte als Fremde anerkennen können, muss ich über etwas verfügen, das mich dazu instand setzt. Es gibt jedoch einen gemeinsamen Nenner meiner Selbst- und meiner

Fremderfahrung. In beiden Fällen habe ich mit der *Leiblichkeit* zu tun, und zu den Grundzügen meines leiblichen Selbstbewusstseins gehört es gerade, dass sie als solches etwas *Äußeres* umfasst. Berührt meine linke Hand die rechte, oder schaue ich auf meinen Fuß, erfahre ich mich selbst, und zwar auf eine Weise, die in gewissem Sinne der Weise vorgreift, auf die ich einen anderen und der andere mich erfahren würde. Leiblich zu existieren, heißt weder als reines Subjekt noch als reines Objekt zu existieren, sondern auf eine Weise da zu sein, die diesen Gegensatz überschreitet. Leiblich zu existieren, bedeutet keinen Verlust der Selbstgegebenheit – vielmehr ist Selbstgegebenheit als solche immer leibliche Selbstgegebenheit, die jedoch einen Verlust oder vielleicht eher eine Befreiung von der völligen Selbsttransparenz mit sich führt und so gerade die Intersubjektivität ermöglicht: „Möglich ist die Evidenz des Anderen dadurch, dass ich mir selbst nicht transparent bin und auch meine Subjektivität stets ihren Leib nach sich zieht" (Merleau-Ponty 1945: 405/1966: 404). Den Anderen kann ich erfahren, gerade weil ich mir selbst nie so nahe bin, dass der Andere völlig und radikal fremd und unzugänglich erscheint. Ich bin schon mir selbst ein Fremder und kann mich deswegen anderen öffnen. Oder, anders gesagt: Mein leibliches Dasein in der Welt ist von jeher intersubjektiv und sozial. Gerade weil ich keine reine Innerlichkeit bin, sondern ein leibliches Sein, das außer sich lebt, das sich selbst transzendiert, kann ich anderen, die in derselben Weise existieren, begegnen und sie verstehen.

Manche Phänomenologen haben den Versuch, eine Art innere Fremdheit in der leiblichen Subjektivitätsstruktur selbst zu lokalisieren, als einen Schritt in Richtung einer Bagatellisierung des radikalen Unterschieds zwischen dem Selbst und dem Anderen gedeutet. Andere haben die entgegengesetzte Richtung eingeschlagen mit der Behauptung, dass die Intersubjektivität ein Rätsel bleiben werde, solange das Selbst und der Andere als absolut verschieden und getrennt verstanden werden, und dass die einzige Möglichkeit, einen drohenden Solipsismus zu vermeiden, darin bestehe, dass man ihren Unterschied als einen fundierten und abgeleiteten begreife, also

als einen Unterschied, der einem gemeinsamen und undiffe-
renzierten anonymen Leben entspringt und sich auf dieser
Grundlage ausbildet. Ganz konkret hat man die Behauptung
aufgestellt, dass unsere persönliche Subjektivität in einer un-
persönlichen, dunklen und anonymen Existenz fundiert sei.
Der gelebten vorreflexiven Subjektivität fehle also eine per-
sonale oder „ich-hafte" Struktur. Eigentlich und im Grunde
sei es gar nicht *ich*, der Erfahrungen mache – vielmehr „ereig-
ne" sich die Erfahrung. Insofern die Subjektivität also durch
und durch von einer fundamentalen Anonymität durchdrungen sei, bilde die Erfahrung des Anderen aber auch kein Problem mehr. Es gebe überhaupt kein Problem des Fremdpsychischen, da ja weder ich selbst noch der Andere die Erfahrung
mache, sondern vielmehr, wie Merleau-Ponty schreibt, eine
„anonyme Sichtbarkeit", die uns beiden einwohnt (Merleau-
Ponty 1964: 187). Erst in dem Augenblick, da ich vergesse,
einem gemeinsamen perzeptuellen Feld anzugehören, wird
die Erfahrung des Anderen problematisch. Entsprechend hat
man auch die These verteidigt, dass die Intersubjektivität keineswegs für das Kleinkind, sondern nur für den Erwachsenen
überhaupt ein Problem darstelle. Der Grund sei der, dass es in
der ersten Lebensphase weder Selbsterfahrung noch Empathie, sondern lediglich eine gemeinsame anonyme Existenz
ohne jegliche Differenzierung gebe. Merleau-Ponty schreibt
in *Signes*: „Was dem intersubjektiven Leben ,vorausgeht',
lässt sich numerisch nicht von ihm unterscheiden, weil es
nämlich auf dieser Ebene weder Individuation noch nume-
rischen Unterschied gibt" (Merleau-Ponty 1960: 220).

Es muss jedoch ausdrücklich betont werden, dass ein Unterschied besteht zwischen einer Theorie, die letztlich die Individualität der Subjektivität leugnet, und einer Ansicht, die
etwas Unpersönliches ins Herz der Subjektivität einpflanzen
möchte. Letztlich sind Individualität und Anonymität nicht
zwei verschiedene Auffassungen der Subjektivität, zwischen
denen wir zu wählen haben, sondern eher zwei Momente, die
beide gleichermaßen zur Struktur des konkreten Subjekts gehören.

C. Jenseits der Empathie?

Ein rechtes Verständnis der Intersubjektivität erfordert eine Untersuchung der leiblichen Subjektivität. Die Möglichkeit der Intersubjektivität als solcher ist in der Beschaffenheit der leiblichen Subjektivität verankert. Einige Phänomenologen jedoch haben auch die Auffassung vertreten, dass ein besseres Verständnis der Beziehung zwischen Subjektivität und Welt unsere Einsicht in die Intersubjektivität vertiefen werde. Genauer gesagt haben sie die Auffassung vertreten, die Intersubjektivität habe ihren Ort im intentionalen Verhältnis zwischen Subjekt und Welt.

• Heidegger war bekanntlich der Meinung, ein Grundzug der Gegenstände, mit denen wir vornehmlich in unserem alltäglichen Leben zu tun haben, sei, dass sie eine Verweisung auf andere Subjekte beinhalteten – sei es, weil sie von anderen hergestellt worden sind, sei es, weil die Arbeit, die wir mit ihnen verrichten, für andere ausgeführt wird. Mit anderen Worten: Wir gehen in unserem alltäglichen Dasein ständig mit Gegenständen um, die auf andere Subjekte verweisen, ganz gleich ob sie nun auch selbst tatsächlich anwesend sind oder nicht. Unser besorgendes In-der-Welt-sein ist somit von jeher und ursprünglich sozial (Heidegger 1986: 116, 120ff).

• Eine entsprechende Argumentation findet man auch bei Merleau-Ponty und Husserl. Statt die Intersubjektivität im Gebrauch von Werkzeug zu verankern, konzentrieren sie sich jedoch eher auf die Öffentlichkeit der Erfahrungsgegenstände. Sie sind der Meinung, dass das Subjekt intentional auf Objekte gerichtet ist, deren horizontale Gegebenheit bezeugt, dass sie auch anderen zugänglich sind. Mein Erfahrungsgegenstand erschöpft sich nicht in seiner Erscheinung für mich, vielmehr verfügt er stets über einen Horizont von gleichzeitigen Aspekten, die – auch wenn sie mir augenblicklich nicht selbst zugänglich sein sollten (ich kann nicht zugleich die Vorder- und Rückseite des Stuhls betrachten) – durchaus von anderen erfahren werden können. Da es den Erfahrungsgegenstand also auch immer für andere gibt, seien sie nun tatsächlich anwesend oder nicht, verweist der Gegenstand auf diese anderen und kann eben deswegen intersubjektiv genannt werden – er existiert nicht für mich allein, sondern verweist auch auf andere. Dasselbe gilt auch für meine Intentionalität, wenn ich mich auf intersubjektiv zugängliche Gegenstände richte. Folglich ist die Intersubjektivität je schon vor meiner konkreten Begegnung mit anderen leiblichen Subjekten als eine Mit-Subjektivität vorhanden (Merleau-Ponty 1960: 23, 215; Husserl 1962a: 468).

• Schließlich hat man auch auf den Umstand aufmerksam gemacht, dass die für mich gegebene Welt je schon von anderen erschlossen und strukturiert ist. Solange ich denken kann, bin ich mit anderen zusammen gewesen, und mein Weltverständnis ist somit in Übereinstimmung mit den intersubjektiv überlieferten Verstehensformen strukturiert. Im Allgemeinen verstehe ich die Welt – und mich selbst – vor dem Hintergrund einer herkömmlichen Konventionalität. Ich lerne, was in den allermeisten Fällen von anderen stammt, und habe somit an einer gemeinsamen Tradition Teil, die sich über eine Kette von unzähligen Generationen in eine ferne Vergangenheit erstreckt. Oder wie Husserl sagt: „[I]ch bin, was ich bin, als Erbe" (Husserl 1973a: 223).

Kurz und gut: Die Welt, in der wir leben, ist also gemeinsam und öffentlich – nicht privat. Subjektivität und Welt sind gegenseitig aufeinander bezogen, und da die Welt wesentliche Verweise auf andere enthält, lässt sich die Subjektivität auch nicht unabhängig von der Intersubjektivität verstehen, mit der sie zwangläufig die Welt teilt.

    Diese Überlegungen mögen zwar vernünftig und überzeugend wirken. Dennoch gaben sie Anlass zu einer der wichtigsten Streitfragen bei den phänomenologischen Auseinandersetzungen um die Intersubjektivität. Was ist fundamentaler: die konkrete jeweilige Begegnung von Angesicht zu Angesicht mit dem Anderen oder unsere Existenz in einer gemeinsamen Welt? Was hat transzendentalen Vorrang: das anonyme Mitsein mit anderen oder unsere Begegnung mit der Transzendenz und Fremdheit des Anderen? Bildet eine dieser grundlegenden Bedingungen die Vorraussetzung der anderen? Der Schluss scheint naheliegend, dass die Überlegungen zur Intersubjektivität der Gebrauchsgegenstände, der Erfahrung und des Verstehens gezeigt haben, dass die Intersubjektivität sich nicht auf die konkrete und thematische Begegnung von zwei Individuen reduzieren lässt. Mit anderen Worten gibt es Aspekte der Intersubjektivitätsdiskussion, die sich nicht von einer Theorie der Empathie einholen lassen. Von mancher Seite jedoch ist die Kritik verschärft und die Behauptung aufgestellt worden, dass die Empathie eine abgeleitete Form der Intersubjektivität bilde. Statt die Intersubjektivität zu begründen, enthülle die Empathie eher eine je schon gegebene Intersubjektivität – unser Bemühen, die Erfahrungen und Gedanken des Anderen thematisch zu erfassen und zu verstehen, bildet somit eher die Ausnahme denn die Regel. Unter gewöhnlichen Umständen verstehen wir einander bereits auf Grund unserer Zugehörigkeit zu einer gemeinsamen Welt – und erst, wenn dieses Verstehen aus irgendeinem Grund zerbricht, ist so etwas wie Empathie überhaupt erforderlich und von Bedeutung. Wenn das jedoch der Fall ist, kann eine Untersuchung der Intersubjektivität, die die Empathie zu ihrem Ausgangspunkt und ständigen Bezugspunkt nimmt, uns nur auf den Holzweg führen.

D. Die Transzendenz des Anderen

Es ist deutlich geworden, dass manche Phänomenologen die Anerkennung der Empathie und ihre Analyse als den Eckstein der phänomenologischen Erörterung der Intersubjektivität betrachten. Andere sind noch einen Schritt weiter gegangen, sei es mit einer Untersuchung der leiblichen Voraussetzungen der Intersubjektivität oder auch mit der Behauptung, gewisse Formen der Intersubjektivität seien eng mit unserem eigensten In-der-Welt-sein verbunden und gingen der jeweiligen Begegnung von Angesicht zu Angesicht voraus und ermöglichten sie allererst. Es gibt jedoch auch Phänomenologen, die gegen alle diese verschiedenen Ansätze eingewandt haben, dass sie den eigentlichen Kern der Intersubjektivität völlig verfehlen: die Konfrontation mit der radikalen Fremdheit. Auf diese Kritik soll hier kurz eingegangen werden.

Zu erklären, dass unser In-der-Welt-sein im Grunde strukturierte Intersubjektivität sei, heißt zu sagen, dass es sich bei Intersubjektivität nicht nur um die tatsächliche und zufällige Begegnung mit dem Anderen handle, sondern dass sie ein wesentliches Strukturmoment a priori unserer Subjektivität bilde. So hat z.B. Heidegger die Meinung vertreten, dass die jeweilige Begegnung lediglich etwas entfaltet und artikuliert, das je schon von Anbeginn vorhanden war. Doch bereits Sartre hat zu bedenken gegeben, dass eine jede „Intersubjektivitäts"-Theorie, die den Abgrund zwischen dem Selbst und dem Anderen durch eine Betonung ihrer Gleichheit, ihrer Ununterscheidbarkeit und apriorischen Verbindung überbrücken möchte, nicht allein Gefahr laufe, einem Monismus zu verfallen, sondern sich letztlich auch nicht mehr vom Solipsismus unterscheiden lasse. Sie habe den Sinn für das eigentlich und wirklich Entscheidende verloren, nämlich unsere konkrete Begegnung mit dem *transzendentalen* Anderen, d.h. mit dem Anderen, der in einem ganz radikalen Sinne unser Verständnis und unsere Erfahrung überschreitet. Intersubjektivität dreht sich also vor allem um die Begegnung mit dem flüchtigen und unzugänglichen Anderen – sie ist eher eine frontale Konfrontation als ein horizontales Abhängigkeitsverhältnis. Jeder Versuch, Intersubjektivität als einen apriorischen Grundzug unseren eigenen Seins zu konstruieren, muss somit also zwangsläufig die Andersheit des Anderen neutralisieren und damit das Wesentliche aus den Augen verlieren (Sartre 1943: 305ff, 420/1993: 450ff, 621).

Das Bemühen, eine Art innerer Fremdheit in der leiblichen Subjektivität selbst zu lokalisieren, und die Behauptung, die Begegnung mit dem Anderen sei vorbereitet und ermöglicht durch eine zum Subjekt gehörende Fremdheit, ist ähnlicher Kritik ausgesetzt gewesen. Solch Bemühen schwächt nämlich den Unterschied zwischen dem Selbst und dem Anderen ab und ist eben deswegen letztlich auch nicht imstande, die Andersheit des Anderen zu würdigen. Dieselbe Kritik ist selbstverständlich auch gegen die Vorstellung gerichtet worden, der Unterschied zwischen dem Selbst und dem Anderem sei ein fundierter und abgeleiteter Unterschied, der sich auf der Grundlage eines gemeinsamen und undifferenziert-anonymen Lebens ausbilde. Von einer fundamentalen Anonymität zu sprechen, die vor jeder Differenzierung zwischen dem Selbst und dem Anderen existiere, würde nur verhüllen, was gerade aufzuklären sei, nämlich die Intersubjektivität verstanden als Beziehung zwischen Subjekten. Letztlich würde ein solcher Ansatz das Intersubjektivitätsproblem also gar nicht lösen, sondern eher auflösen. Mit einer radikalen Anonymität zu operieren, lässt keinen Raum für Individuation und Selbstheit, gestattet weder Differenzierung, noch Fremdheit oder Unterschied, und auf solcher Ebene hat es deswegen genauso wenig Sinn von Subjektivität wie von Intersubjektivität zu sprechen. Anders gesagt bedroht die These der radikalen Anonymität nicht allein unseren Begriff des selbstgegebenen Subjektes, sie bedroht auch den Begriff des transzendenten und irreduzierbaren Anderen. Deswegen ist es mehr als nur zweifelhaft, ob die radikale Anonymität und ihr latenter Solipsismus überhaupt etwas zu einem vertieften Verständnis der Intersubjektivität beitragen können.

Wie bereits erwähnt betrachtet man die Intersubjektivität als eine besondere Art der Intentionalität. Es ist jedoch auch angeführt worden, dass *keine* Form der Intentionalität – also auch nicht die Empathie – uns dem Anderen authentisch begegnen lässt. Intentionalität ist und bleibt eine Form von Gegenstandsbewusstsein und lässt uns dem Anderen nur begegnen, nachdem sie ihn auf etwas reduziert hat, was er gerade nicht ist: ein Gegenstand. Obgleich mich die Intentionalität mit etwas Fremdem in Beziehung setzt, handelt es sich bei ihr laut Lévinas nicht um ein gegenseitiges Verhältnis. Die Intentionalität absorbiert sozusagen das Fremde und Unterschiedene, sie merzt seine Fremdheit aus und verwandelt es zum Bekannten und Selben (Lévinas 1982: 212f, 239/1988: 204f). Ganz im Gegensatz dazu also ist die fremde Subjektivität in Wahrheit gerade das, was sich nicht begreifen und kategorisieren lässt: „Wenn man den [A]nderen besitzen, ergreifen und erkennen könnte, wäre er nicht der [A]ndere" (Levinas 1979: 83/1995: 61). Nach diesem Ansatz ist meine Begegnung mit dem Anderen eine Begegnung mit einer radikalen und unbegreiflichen Fremdheit. Es handelt sich also um eine Begegnung mit etwas, das nicht von meiner eigenen Subjektivität bedingt ist, sondern den Charakter einer Epiphanie trägt, einer Offenbarung. Für Lévinas ist die authentische Begegnung nicht perzeptueller oder kognitiver Art, sondern *ethischer* Natur. In der als ethisch gekennzeichneten Situation werde ich vom Anderen in Frage gestellt, richtet der Andere Forderungen an mich, d.h. ich muss Verantwortung für den Anderen übernehmen, dafür, dass er tatsächlich als Anderer mir gegenübersteht. Einen verwandten Gedankengang treffen wir bei Sartre, der der Meinung ist, dass das wirklich Einzigartige und Besondere unserer Begegnung mit dem Anderen nicht darin besteht, dass man in dieser Begegnung einen Gegenstand erfährt, der selbst bewusst ist, sondern vielmehr darin, dass ich einem anderen Subjekt begegne, das gerade mich selbst wahrzunehmen und zu objektivieren vermag. Der Andere ist also derjenige, dem ich selbst als Objekt erscheine. Die fremde Subjektivität wird mir also nicht so sehr dadurch erschlossen, dass sie mir als ein besonderes empathisches Objekt gegeben ist, sondern vielmehr durch das Bewusstsein meiner selbst als Objekt für den Anderen. Gerade wenn ich meine eigene Objektivität erfahre (für ein fremdes Subjekt, oder einem fremden Subjekt gegenüber), ist mir das Subjekt-sein des Anderen ganz eindeutig gegeben (Sartre 1943: 315f, 327f/1993: 464ff, 484ff).

Allen voran sind es Sartre und Lévinas, die für ihre Betonung der Transzendenz und Fremdheit des Anderen berühmt sind, entsprechende Überlegungen findet man jedoch bereits bei Husserl, obgleich er von einem ausgesprochen transzendentalphilosophischen Interesse geleitet ist. Husserl ist der Auffassung, dass die Objektivität der Welt intersubjektiv konstituiert ist, und näher, dass das jeweilige Subjekt deswegen auch nur durch die Erfahrung eines anderen und fremden Subjekts Objektivität zu konstituieren imstande ist. Allein, warum verhält es sich so? Warum ist die Erfahrung eines anderen Subjektes die *conditio sine qua non* für die Erfahrung einer objektiven Welt, und warum ändert sich meine Erfahrung von Gegenständen durch die Erfahrung von fremder Subjektivität? Kurz gesagt lautet Husserls Hauptthese, dass meine Erfahrung objektiver Gültigkeit durch meine Erfahrung der Transzendenz eines fremden Subjekts ermöglicht (und zugänglich) ist, und dass diese Transzendenz – die Husserl die erste wirkliche Fremdheit und die Quelle aller Transzendenz nennt – der Welt allererst eine objektive Gültigkeit verleiht:

> Hier ist die allein eigentlich so zu nennende Transzendenz, und alles, was sonst noch Transzendenz heißt, wie die objektive Welt, beruht auf der Transzendenz fremder Subjektivität […]. (Husserl 1959: 495, Fußnote)

Aber warum erlangt die Welt und das Weltliche erst wirkliche Transzendenz, und warum *erscheinen* Gegenstände erst als wirklich transzendent durch das fremde Subjekt? Husserls Erklärung läuft darauf hinaus, dass sich Gegenstände nicht auf meine *bloßen* intentionalen Korrelate reduzieren lassen, sobald sie nämlich auch von anderen erfahren werden. Nur wenn ich erfahre, dass andere dieselben Objekte erfahren wie ich selbst, erfahre ich diese Objekte als tatsächlich objektive. Die intersubjektive Erfahrbarkeit der Objekte garantiert also ihre wirkliche Transzendenz, oder, um es negativ auszudrücken: Was sich prinzipiell nicht von anderen erfahren lässt, dem kann auch keine Transzendenz und Objektivität zugesprochen werden – und meine Erfahrung (oder Konstitution) der Objektivität ist deswegen vermittelt durch meine Erfahrung ihrer Gegebenheit für ein anderes und für mich transzendentes Subjekt, d.h. durch meine Erfahrung eines fremden welterfahrenden Subjektes. Gerade deswegen ist die *Transzendenz* des

Anderen so entscheidend. Wäre der Andere nichts als eine intentionale Modifikation oder Variation meiner selbst, wäre die Tatsache, dass er dasselbe wie ich erfährt, ebenso ausschlaggebend, wie – mit einem Beispiel Wittgensteins gesprochen – wenn ich denselben Bericht in mehreren Exemplaren derselben Zeitung fände.

Geltung und Begründung sind intersubjektiv konstituiert. Geht es um die Konstitution von Erkenntnis und Objektivität, haben wir es mit Themen zu tun, die den Einzelnen überschreiten und die Mitwirkung anderer Subjekte verlangen. Objektivität ist konstitutiv auf eine Mannigfaltigkeit transzendentaler Subjekte bezogen, und die Konstitution dieser Objektivität findet jeweils innerhalb des Rahmens einer gewissen Normativität statt. Deswegen ist die phänomenologische Analyse der Subjektivität im Grunde auch nicht nur eine Untersuchung des Ich, sondern eine Untersuchung des Wir. Darum kann Husserl auch schreiben, dass das transzendentale Subjekt nur innerhalb des Rahmens der Intersubjektivität ist, was es ist, und dass diese Intersubjektivität folglich mit einbezogen werden muss, wenn man verstehen möchte, was es heißt, transzendentales Subjekt zu sein.

E. Zusammenfassung

Wie sich zeigt, bietet uns die Phänomenologie nicht eine einzelne Theorie der Intersubjektivität. Die phänomenologische Tradition umfasst vielmehr eine Vielfalt verschiedener und zum Teil widersprechender Ansichten dieses Problems. Im Zuge meiner Darstellung haben sich vor allem vier verschiedene Ansätze herauskristallisiert:

• Man kann die Aufmerksamkeit auf die konkrete Begegnung von Angesicht zu Angesicht richten und eine eigene irreduzierbare Bewusstseinsmodalität ansetzen, die sich Fremderfahrung oder Empathie nennen ließe. Die Aufgabe besteht dann darin, die genaue Intentionalitätsstruktur der Empathie zu klären. Dieser Ansatz ist sehr verdienstvoll, solange er seiner Kritik des Analogieargumentes treu bleibt, d.h. so lange er nicht der Meinung verfällt, das Verstehen des Anderen beruhe auf einer Art Projektion, und so lange er nicht blind eine herkömmliche dichotomische Ansicht des Verhältnisses von Körper und Bewusstsein übernimmt. Es muss jedoch betont werden, dass dieser Ansatz nur einen einzigen Aspekt der Intersubjektivität zu beschreiben vermag, von dem nicht einmal ausgemacht ist, dass er auch tatsächlich als der entscheidende gelten kann. Mit anderen Worten: Es ist durchaus fraglich, ob eine Theorie der Empathie wirklich Kern und Fundament einer Intersubjektivitätstheorie ausmachen kann.

• Eine zweite Position erkennt zwar die Existenz der Empathie an, besteht jedoch darauf, dass unsere Fähigkeit, anderen begegnen und sie erfahren zu können, nicht einfach als *factum brutum* hingenommen werden dürfe, sondern ermöglicht sei von einer Art Fremdheit, die zum leiblichen Selbst gehört, weshalb auch die nähere Untersuchung des leiblich verankerten Zusammenhanges zwischen Selbstheit und Fremdheit unumgänglich sei. Insofern die Möglichkeit der Intersubjektivität in der leiblichen Verfassung des Selbst verankert wird, kann man hier einen gewissen Widerwillen gegen die bloße Reduktion der Intersubjektivität auf die jeweilige konkrete Begegnung mit dem Anderen verspüren. Auch dieser Ansatz ist durchaus verdienstvoll, entscheidend ist jedoch, am Unterschied zwischen der Fremdheit des Selbst und der des Anderen festzuhalten und der Versuchung zu widerstehen, den Unterschied zwischen dem Selbst und dem Anderen als einen abgeleiten Unterschied zu betrachten, der in einer gemeinsamen Anonymität wurzelt.

• Man kann auch noch einen Schritt weitergehen und ausdrücklich die Möglichkeit leugnen, dass sich die Intersubjektivität auf die tatsächliche jeweilige Begegnung zwischen zwei Individuen reduzieren lasse. Eine solche Begegnung ist dann vielmehr von einer fundamentaleren Art der Intersubjektivität bedingt, die bereits a priori im In-der-Welt-sein des Subjekts selbst begründet ist. Mit ihrer Enthüllung ganz neuer Seiten der Intersubjektivität – von Aspekten, für die eine Intersubjektivitätstheorie, die sich zu sehr auf die Empathie konzentriert, blind ist – ist auch dieser Ansatz sehr vielversprechend. Seine größte Schwäche besteht in der Neigung, die Relevanz der konkreten Begegnung von Angesicht zu Angesicht herabzuspielen und zu unterschätzen, denn so verkennt er auch die konstitutive oder transzendentale Bedeutung der Transzendenz des Anderen, und eine solche Einstellung ist heute nicht mehr vertretbar.

• Eben diesen Mangel möchte ein vierter Ansatz beheben – er betont ganz zu recht, dass die Begegnung mit der radikalen Fremdheit ein wesentliches und entscheidendes Moment der Intersubjektivität bildet. Wie zu erwarten, ist das Problem dieses Ansatzes jedoch, dass er die Transzendenz und Unzugänglichkeit des Anderen so sehr hervorkehrt, dass er schließlich nicht allein die Existenz einer fungierenden Mit-Subjektivität, sondern auch den apriorischen Status der Intersubjektivität leugnet. Darüber hinaus bestreitet er in der Regel – eben auf Grund seiner Betonung der absoluten und radikalen Fremdheit des Anderen –, dass die Begegnung mit dem Anderen auf irgendeine Weise von der Subjektivität selbst vorbereitet, ermöglich oder bedingt sein sollte – und so verwandelt sich die Begegnung mit dem Anderen zu einem Mysterium.

Diese Einteilung in vier distinkte Ansätze bedeutet selbstverständlich eine gewisse Idealisierung. Dennoch ließe sich behaupten, dass die allermeisten Phänomenologen sich hauptsächlich auf ein oder zwei der angeführten Perspektiven auf Kosten aller anderer konzentriert haben. An sich ist jedoch keiner der vier Ansätze zureichend – ein systematisches Zusammendenken der verschiedenen Positionen ist dringend erforderlich. Eine unumgängliche Frage lautet dann jedoch, in welchem Maße die Ansätze einander ausschließen oder sich vielleicht eher gegenseitig ergänzen. Letztlich muss eine Intersubjektivitätstheorie auf jeden Fall multi-dimensional angelegt sein und Überlegungen aller vier Ansätze mit einbeziehen.

Trotz dieser Diversität ließen sich jedoch auch einige bemerkenswerte typische Züge entdecken, die allen vier Ansätzen mehr und weniger gemein sind. Abschließend seien hier ein paar dieser Gemeinsamkeiten angedeutet:

• Ohne auch nur im Entferntesten den intersubjektiven Charakter der Sprache leugnen zu wollen, waren Phänomenologen vornehmlich bemüht, die vorsprachlichen Intentionalitätsformen zu enthüllen, sei es in unserer perzeptuellen Intentionalität, in unserem Gebrauch von Werkzeugen, in unseren Gefühlen und Trieben oder in unserer leiblichen Selbsterfahrung. Diese Betonung der fundamentalen Bedeutung des Vorsprachlichen bildet einen markanten Unterschied zur Intentionalitätstheorie, die z.B. Habermas ausgearbeitet hat.

• Phänomenologen haben nie die Intersubjektivität als eine einfach in der Welt vorliegende Struktur oder Beziehung aufgefasst, die sich aus der Dritten-Person-Perspektive beschreiben und analysieren ließe. Ganz im Gegenteil wurde die Intersubjektivität konsequent als eine Beziehung zwischen Subjekten begriffen und deswegen vornehmlich auch aus der Ersten- und Zweiten-Person-Perspektive untersucht. Phänomenologen fassen also Subjektivität und Intersubjektivität keineswegs als unvereinbare Alternativen auf, vielmehr machen sie einen ernsten Versuch, beide zusammenzudenken. Wie auch Husserl schreibt, bedeutet die Einführung der intersubjektiven Dimension keinen Bruch mit der Subjektphilosophie, sondern im Gegenteil eher ein konsequenteres, radikaleres und zutreffenderes Verständnis dessen, was Subjektivität eigentlich sei (Husserl 1973d: 16f). Es hat nur dann Sinn von Intersubjektivität zu sprechen, wenn eine (mögliche) Pluralität von Subjekten gegeben ist, und Intersubjektivität lässt sich deswegen auch nicht als der

Individualität und Verschiedenartigkeit der Individuen vor-
aus- oder gar zugrunde liegend ansehen. Man kann nicht die
Subjektivität restlos als Sozialisierungsprodukt verstehen
und gleichzeitig sinnvoll von Intersubjektivität sprechen –
und es lässt sich ebensowenig sinnvoll von Intersubjektivität
sprechen, ohne sich damit eben im Rahmen irgendeiner
Form des Subjektivitätsdenkens zu bewegen.[16]

---

[16]	Ich habe oben bereits Luhmanns und Habermas' Kritik kurz erwähnt. Bei
	näherer Betrachtung ist es durchaus überraschend, wie ambivalent ihr
	Verhältnis zur Subjektivitätsphilosophie eigentlich ist. Es wirkt ein wenig
	paradox, dass sie einander gegenseitig beschuldigt haben, in einem sub-
	jektphilosophischen Paradigma befangen zu sein. Luhmann betrachtet das
	Intersubjektivitätsproblem als ein subjektphilosophisches Problem und hat
	deswegen Habermas, der sich ja eingehend mit diesem Problem auseinan-
	dergesetzt hat, beschuldigt, ein Subjektivitätsdenker zu sein (Luhmann
	1986: 41f). Habermas hat seinerseits an Luhmanns Systemtheorie ausge-
	setzt, dass sie ein einsames und isoliertes Subjekt zu ihrem Ausgangspunkt
	nehme (Habermas 1981: 196; 1982: 411). Letztlich stellt sich jedoch die
	Frage, ob Luhmann und Habermas beide nicht eher an einer „Reformulie-
	rung" oder „Erneuerung" der subjektphilosophischen Tradition interessiert
	sind als an ihrer eigentlichen Ablehnung oder Überwindung. Dieser Ver-
	dacht wird bestätigt, wenn man bemerkt, wie viele Traditionselemente sich
	in ihren Theorien finden lassen. Luhmann hat selbst die Verwandtschaft
	der Systemtheorie mit der transzendentalen Phänomenologie hervorgeho-
	ben (Luhmann 1991: 153), und Habermas hat ganz ausdrücklich einge-
	räumt, dass die Sprachpragmatik die subjektphilosophischen Dimensionen
	bewahrt (Habermas 1988: 330), wie auch der phänomenologische Begriff
	der Lebenswelt eine entscheidende Rolle in seiner *Theorie des kommuni-
	kativen Handelns* spielt. Obgleich Habermas in seiner Polemik gegen die
	Phänomenologie generell hervorgehoben hat, dass die Intersubjektivität
	mit dem sprachlichen Regelsystem gegeben ist und das Selbstverhältnis
	des Subjekts erst von den Strukturen der sprachlichen Intersubjektivität
	ermöglicht wird, hat er jedoch niemals anerkannt, dass dem Wir die Prio-
	rität vor dem Ich zukommen solle, wie es z.B. bei Charles Taylor der Fall
	ist (Habermas 1986: 330). Die Intersubjektivität ist für Habermas eine
	Gemeinschaft *von Subjekten*, und er führt an, dass der kommunikativ er-
	reichte Konsens die Autonomie und Verschiedenheit der beteiligten
	Subjekte voraussetze (Habermas 1982: 350, 403, 415). Aber kann man
	wirklich einen solchen Standpunkt vertreten und zugleich die eigene Po-
	sition als eine radikale Überwindung des subjektphilosophischen Paradig-
	mas ausgeben?

Eine Grundeinsicht der Phänomenologie besteht darin, dass die Klärung der Intersubjektivität gleichzeitig eine Untersuchung des Verhältnisses von Subjekt und Welt erfordert. Mit anderen Worten: Die Intersubjektivität lässt sich nicht einfach in eine bereits bestehende und wohletablierte Ontologie einordnen. Vielmehr gehören die drei Regionen des Selbst, der Welt und des Anderen eben zusammen – sie erhellen einander gegenseitig und lassen sich nur in ihrem wechselseitigen Verhältnis verstehen. Es ist also von nebensächlicher Bedeutung, wo man seinen Ausgangspunkt nimmt, man wird unweigerlich zu den anderen Regionen weitergeleitet werden. Das auf die Welt bezogene Subjekt wird sein Selbst- und Weltverhältnis erst in Gänze in der Beziehung zu anderen, also in der Intersubjektivität erlangen. Intersubjektivität gibt es und entfaltet sich nur im gegenseitigen Verhältnis von weltbezogenen Subjekten. Merleau-Ponty würde sagen, das Subjekt muss als weltlich inkarnierte Existenz und die Welt als ein gemeinsames Erfahrungsfeld betrachtet werden, wenn man verstehen möchte, wie so etwas wie Intersubjektivität überhaupt möglich ist.[17]

---

[17] Für eine nähere Auseinandersetzung mit der phänomenologischen Intersubjektivitätstheorie s. Zahavi 1996, 1999, 2000, 2002d.

KAPITEL 9
PHÄNOMENOLOGIE UND SOZIOLOGIE

Inwiefern hat die Phänomenologie nun auf die Gesellschaftswissenschaften einen Einfluss ausüben können? Hat sie überhaupt einen soziologischen Beitrag geleistet, hat sie Einsichten
vertiefen, theoretische Ressourcen bereitstellen können? Die
obigen Kapitel sollten bereits eine Antwort angedeutet haben,
abschließend mag die Problemstellung aber noch einmal ausdrücklich erörtert werden, und dabei sei das Verhältnis der
Phänomenologie zur Soziologie als Illustration herangezo-
gen.

Wenn Habermas Husserls Theorie (und im Anschluss daran
die gesamte Phänomenologie) des konsequenten Solipsismus
beschuldigt,[18] zieht er damit selbstredend auch die gesell-
schaftswissenschaftliche Relevanz der Phänomenologie in
Frage. Wie sich jedoch gezeigt hat, spielt die Intersubjektivität für Husserl selbst eine sogar außerordentlich bedeutende
Rolle. Wenn er nämlich behauptet, dass das Subjekt nur als
Teil einer Gemeinschaft welterfahrend sein kann (Husserl
1973a: 166), und dass das Ich nur als *socius*, d.h. als Mitglied
einer bestimmten Sozialität, ist, was es ist (Husserl 1973d:
193), findet sich der grundlegende Gedanke damit bereits angedeutet: In seinem Sein als erfahrendes Subjekt ist dieses auf
die Intersubjektivität angewiesen und von ihr abhängig (1962b:
344). Der stets wiederkehrende Grundgedanke lautet also,
dass die phänomenologische Reflexion bei genügend radi-
kalem Vollzug uns nicht nur auf die Subjektivität führt, sondern uns mit ihr auch auf die Intersubjektivität aufmerksam
macht. Vor diesem Hintergrund nennt Husserl bisweilen auch
sein eigenes Vorhaben eine *soziologische* Transzendentalphi-

---

[18]   In *Nachmetaphysisches Denken* schreibt Habermas, dass eine entsprechende Kritik auch Sartre und Heidegger treffen würde (Habermas 198: 49f;
vgl. Habermas 1991: 178).

losophie (Husserl 1962b: 539) und sagt, dass die Entfaltung der Transzendentalphänomenologie zwangsläufig den Schritt von einer subjektorientierten zu einer *transzendentalsoziologischen* Phänomenologie erfordert.[19]

Die Phänomenologie war sich also seit Anbeginn ihrer gesellschaftstheoretischen Relevanz durchaus bewusst. Im Anschluss an die Darstellung einiger phänomenologischer Grundbegriffe in den vorherigen Kapiteln lässt sich die philosophische Phänomenologie tatsächlich sogar ganz allgemein als eine Art Proto- oder Metasoziologie betrachten. Mit ihrem maßgeblichen Modell der menschlichen Existenz, das das Subjekt als leiblich, sozial und kulturell eingebettetes In-der-Welt-sein versteht, bietet die Phänomenologie einen Rahmen für die Entfaltung der Gesellschaftswissenschaften. Oder kürzer gesagt: Eine plausible Gesellschaftstheorie setzt eine plausible Subjektivitätstheorie voraus – und gerade das hat die Phänomenologie zu bieten. Aber abgesehen davon, dass die Phänomenologie mit ihren Grundlagenüberlegungen einen wichtigen Beitrag zur Soziologie wie auch zu den anderen Gesellschaftswissenschaften (Anthropologie, Wirtschaftswissenschaft, Jura, Staatskunde usw.)[20] leisten kann, gibt es auch eine besondere phänomenologische Richtung der Soziologie (wie es z.B. auch eine besondere phänomenologische Tradition der Psychologie und Psychiatrie gibt). Obgleich die Hauptintention des vorliegenden Buches die Darstellung einiger Grundzüge der klassischen philosophischen Phänomenologie bildete, die als solche natürlich für die Wissenschaftstheorie der Gesellschaftswissenschaften von allgemeiner Bedeutung sein mögen, seien hier abschließend eigens die Hauptetappen der Entwicklung der phänomenologischen Soziologie kurz dargestellt.[21]

---

[19] Diese Formulierung aus Husserls 1922 in London gehaltenen Vorlesung ist wiedergegeben bei Schuhmann 1988: 56.

[20] In der Anthologie *Phenomenology and the Social Sciences I-II* hat Natanson einige Beiträge versammelt, die die Bedeutung der Phänomenologie für eine Reihe verschiedener Gesellschaftswissenschaften verdeutlichen.

[21] Für eine kritische Behandlung s. Habermas 1982: 207ff.

Zu den mittlerweile schon klassischen Schlüsselfiguren dieser Richtung gehören u.a. Alfred Schütz mit seinen Werken *Der sinnhafte Aufbau der sozialen Welt: Eine Einleitung in die verstehende Soziologie* (1932), *Collected Papers I-III* (1962-66; dt. *Gesammelte Aufsätze*, 1971-72), und *The Structures of the Lifeworld*, das von Thomas Luckmann fertiggestellt und erst 1973 postum veröffentlicht wurde (dt. *Strukturen der Lebenswelt*, erstmals 1975); Peter L. Berger und Thomas Luckmann mit ihrem Werk *The Social Construction of Reality: A Treatise in the Sociology of Knowledge* (1966; dt. *Die gesellschaftliche Konstruktion der Wirklichkeit. Eine Theorie der Wissenssoziologie*, erstmals 1969) sowie Harold Garfinkel mit dem Werk *Studies in Ethnomethodology* (1967).

Alfred Schütz (1899-1959) wird gern der Vater der phänomenologischen Soziologie genannt.[22] Schütz hatte ursprünglich Rechtswissenschaft studiert und erhielt seinen Doktorgrad 1921 in Wien, musste sich darauf jedoch mit einer Anstellung an einer Bank begnügen, weshalb Husserl ihn gern als den Phänomenologen bezeichnete, der tagsüber Bankangestellter und nachts Philosoph war. Erst 1943, nach seiner Emigration in die USA, erhielt er eine Dozentenstelle an der *New School for Social Research* in New York, wo er dann 1952 endlich auch zum *Full Professor* berufen wurde.

Schütz war ursprünglich von Max Webers „verstehender Soziologie" beeinflusst. Obgleich Weber sinnvolle Handlungen als das zentrale Thema der Soziologie betrachtete und die Bedeutung der Einbeziehung des Sinns, den der jeweilige Akteur seinen eigenen Handlungen beilegt, ausdrücklich betonte, machte er jedoch niemals die Konstitution von sozialem Sinn zum Gegenstand seiner Untersuchungen. Eben diesen Mangel möchte Schütz beheben, indem er Webers Soziologie mit Husserls phänomenologischer Methodologie koppelt (Schütz [1932] 1991: 16, 21). Für Schütz sollte die Lebenswelt den Ausgangspunkt der Soziologie bilden, da diese weit eher als die mathematisierte Wirklichkeit der Wissenschaften den Rahmen und die Bühne der sozialen Beziehungen und Hand-

---

[22]   Eine einführende Darstellung gibt Barber 2002.

lungen darstellt. Eine systematische Untersuchung des alltäglichen Lebens ist somit unumgänglich, und eine solche Untersuchung erfordert laut Schütz eine neue Art soziologischer Theorie. Konkret besteht Schütz' Verdienst einerseits in der Beschreibung und Analyse der wesentlichen Strukturen der Lebenswelt und andererseits in der Klärung der Art und Weise, wie die Subjektivität an der Konstruktion von sozialem Sinn und sozialem Handeln, von sozialen Situationen und sozialen Welten beteiligt ist. In Anschluss an Husserls Intentionalitäts- und Lebensweltanalyse möchte Schütz somit darauf aufmerksam machen, dass die soziale Welt sich in bestimmten Bewusstseinsakten und -operationen enthüllt und manifestiert. Ihr Sinn wird von Subjekten konstituiert, und für ein wissenschaftliches Verständnis der sozialen Welt ist somit die nähere Untersuchung der sozialen Akteure, die in ihr leben, unerlässlich. Unter anderem deswegen ist Schütz auch der Meinung, dass der Gegenstandsbereich der Soziologie komplexer sei als der der Naturwissenschaft, und spricht in diesem Zusammenhang davon, dass sich die Soziologie Konstruktionen zweiten Grades bedienen müsse. Im Unterschied zur Naturwissenschaft, die nicht Selbstverständnis und Selbstauslegung ihrer Gegenstände mit einzubeziehen braucht (sie haben nur im seltensten Fall eines), untersucht die Soziologie Menschen, die in vielfältigen sozialen Beziehungen engagiert sind. Diese Akteure haben Interessen und Motive, ein Selbstverständnis wie auch ein Verständnis der Welt, in der sie leben. All diese Aspekte hat die Soziologie zu berücksichtigen – sie müssen insgesamt mit einbezogen werden, wenn es um ein Verständnis der sozialen Wirklichkeit in ihrer ganzen Erscheinung geht (Schütz 1962: 6/1971: 6f; Gurwitsch 1974:129).

Für Schütz spielt die Untersuchung der Intersubjektivität – wie erfährt das Subjekt andere Subjekte, und wie wird das Wir konstituiert? – in der soziologischen Theorie zwangsläufig eine zentrale Rolle (Schütz [1932] 1991: 137ff). Demnach besteht die Aufgabe der Soziologie darin zu erläutern, wie eine Vielfalt von Erfahrungen Sinnzusammenhänge zu konstituieren vermag, die insgesamt die soziale Wirklichkeit bilden. Schütz meint, dass eine jegliche Wissenschaft vom sozialen

Sinn zurückverweist auf unser sinnstiftendes Leben in der sozialen Welt, auf unsere alltägliche Erfahrung anderer Menschen, auf unser Verständnis eines gegebenen Sinns und auf unsere Ausübung eines sinnstiftenden Verhaltens (Schütz [1932] 1991: 18).

Der phänomenologische Soziologe untersucht also die soziale Wirklichkeit, wie sie von den sozialen Akteuren erlebt, erfahren und gestaltet wird. Nach Schütz bildet die Erfahrung der Lebenswelt einen Typisierungsprozess. Wir bedienen uns eines Repertoires an Maximen, Regeln und Vorschriften für das rechte Verständnis der Welt und unserer Mitmenschen wie für den Umgang mit unterschiedlichen Situationen. Es handelt sich dabei nicht um eine theoretische Rationalität, sondern um eine Art von Know-how. Dieser Vorrat an typischen Meinungen und Vorschriften ist größtenteils sozial anerkannt, er bestimmt, was „man" in einer bestimmten Situation zu tun hat, und gibt uns so das Gefühl, mit der sozialen Wirklichkeit rechnen zu können, dass sie zuverlässig ist und sich verstehen lässt, und dass andere sie ebenso erfahren. Unsere Erfahrung ist also geleitet von Normalitätserwartungen – wir erfahren, verstehen und begreifen im Einklang mit den normalen und typischen Strukturen, Modellen oder Mustern, die unsere früheren Erfahrungen in unserem Bewusstseinsleben abgelagert hat (Schütz 1962: 7ff/1971: 8ff). Stimmt das, was wir erfahren, nicht überein mit dem, was wir früher erfahren haben – ist es ganz einfach anders –, machen wir die Erfahrung einer *Anormalität*, die dann ihrerseits zu einer Modifikation oder Spezifikation unserer Normalitätserwartung führen kann. Es versteht sich von selbst, dass die Intersubjektivität hier eine entscheidende Rolle spielt. Normalität ist eben auch Konventionalität, die ihrem Wesen nach den Einzelnen überschreitet. So lange ich mich erinnern kann, bin ich ja mit anderen zusammen gewesen, und mein Verständnis ist im Einklang mit den intersubjektiv überlieferten Verstehensformen strukturiert, die ich mir beim Heranwachsen und mit dem Spracherwerb angeeignet habe (Schütz 1962: 13f/1971: 15f). Schütz schreibt:

Werfe ich einen Brief in den Postkasten, so erwarte ich, dass mir unbekannte Personen, Postbeamte genannt, in typischer, mir nicht völlig verständlicher Weise handeln werden, damit mein Brief in typisch bemessener Zeit den Adressaten erreicht. – Ohne je einen Franzosen oder einen Deutschen getroffen zu haben, verstehe ich, „warum Frankreich die Wiederbewaffnung Deutschlands fürchtet." – Wenn ich eine Regel der englischen Grammatik befolge, so folge ich einem sozial akzeptierten Verhaltensmuster zeitgenössischer englisch sprechender Mitmenschen, nach dem ich mein eigenes Verhalten richten muss, um mich verständlich zu machen. – Und schließlich verweisen jeder Gebrauchsgegenstand und jedes Gerät auf jenen anonymen Mitmenschen, der den Gegenstand produzierte, damit andere anonyme Mitmenschen ihn benutzen, um typische Ziele mit typischen Mitteln zu erreichen. (Alfred Schütz 1962: 17/1971: 19f; vgl. auch Schütz [1932] 1991: 258)

Husserl wies bereits in den *Ideen II* darauf hin, dass es neben den konkreten Erwartungen, Wünschen und Forderungen, die von anderen Personen ausgehen, auch unbestimmte Zumutungen der Sitte, des Brauchs und der Tradition gibt: „Man" urteilt so, „man" hält die Gabel auf diese oder jene Weise usw. (Husserl 1952:269). Was normal ist, lerne ich von anderen (vor allem von meinen Nächsten, d.h. von denen, die mich erziehen, mit denen ich heranwachse und zusammenlebe), und somit bin ich Teil einer gemeinsamen Tradition, die sich über eine Kette von unzähligen Generationen in eine ferne Vergangenheit erstreckt.

Mit Schütz' Auswanderung in die USA kurz vor dem Zweiten Weltkrieg stifteten auch amerikanische Forscher Bekanntschaft mit der phänomenologischen Soziologie, und zwei neue Richtungen der phänomenologischen Soziologie erblickten auch in den Vereinigten Staaten das Licht der Welt: die *Wissenssoziologie* und die *Ethnomethodologie*.

The Social Construction of Reality: A Treatise in the Sociology of Knowledge (dt. *Die gesellschaftliche Konstruktion der Wirklichkeit. Eine Theorie der Wissenssoziologie*) von Peter L. Berger und Thomas Luckmann lässt sich als der Versuch einer Kombination von Schütz' phänomenologischer Perspektive und Meads symbolischem Interaktionismus betrachten.[23]

---

[23] Nach Berger und Luckmanns Buch ist auch der spätere *Sozialkonstruktivismus* benannt. Die wenigsten Sozialkonstruktivisten verstehen sich je-

Berger und Luckmann hatten sich vorgenommen, Schütz' theoretische Perspektive für zentrale soziologische Begriffe wie
Identität, Sozialisation, soziale Rollen, Sprache, Normalität,
Anormalität usw. fruchtbar zu machen. Laut Berger und Luckmann besteht die Aufgabe der Wissenssoziologie in der Analyse der gesellschaftlichen Voraussetzungen für die Bildung
und Bewahrung der unterschiedlichen Wissensformen, der
wissenschaftlichen wie auch der alltäglichen (Berger und
Luckmann 1966: 15/2004: 16). Kurz gesagt besteht das Interesse der Wissenssoziologie in der Frage nach der Herstellung,
Verbreitung und Verinnerlichung von Wissen. Sie möchte also
untersuchen, wie irgendeine Art von Wissen (sei es das eines
tibetanischen Mönches, eines amerikanischen Geschäfts-
mannes, eines Kriminellen oder eines Kriminologen) gesell-
schaftlich etablierte „Wirklichkeit" werden konnte (Berger
und Luckmann 1966: 3/2004: 3). Sie schreiben jedoch auch:

> Die theoretischen Definitionen von „Wirklichkeit" beziehungswei-
> se Realität – die philosophischen, naturwissenschaftlichen, ja, selbst
> die mythologischen – erschöpfen das nicht, was für den gesellschaft-
> lichen Jedermann „wirklich" ist. Weil dem so ist, muss sich die
> Wissenssoziologie zu allererst fragen, was „jedermann" in seinem
> alltäglichen, nicht- oder vortheoretischen Leben „weiß". Allerwelts-
> wissen, nicht „Ideen" gebührt das Hauptinteresse der Wissenssozi-
> ologie, denn dieses „Wissen" eben bildet die Bedeutungs- und Sinn-
> struktur, ohne die es keine menschliche Gesellschaft gäbe. (Berger
> und Luckmann 1966: 15/2004: 16)

Das wissenssoziologische Vorhaben stellt also eine Herausforderung der objektivistischen und positivistischen Gesell-
schaftstheorien dar, es räumt auf mit jedem Ansatz, der soziale
Wirklichkeit als eine objektive Größe betrachten möchte. Die
Gesellschaftsordnung ist das Produkt menschlichen Tuns, wie
Berger und Luckmann nicht müde werden zu betonen. Sie ist
weder biologisch determiniert noch sonst irgendwie auf Grund
von gegebenen Naturbedingungen auferzwungen. Die Gesellschaftsordnung ist nicht Teil der „Natur der Dinge", sie kann

---

doch selbst als Phänomenologen, und diese teilen ihrerseits nicht den von
vielen Sozialkonstruktivisten vertretenen Relativismus.

nicht aus „Naturgesetzen" abgeleitet werden, sondern existiert *einzig und allein* als Produkt menschlichen Tuns. Es gibt die Gesellschaftsordnung nur, insofern sie von menschlicher Tätigkeit produziert und aufrechterhalten wird, sowohl in Bezug auf ihre Genese als auch auf ihre Präsenz in jedem Augenblick (Berger und Luckmann 1966: 52/2004: 55). Die theoretische Herausforderung besteht dann darin zu klären, wie die menschliche Gemeinschaft in gegenseitiger Interaktion soziale Strukturen und Institutionen hervorbringen und gestalten kann, die zunächst als gemeinsame intersubjektive Wirklichkeit bestehen, um daraufhin als objektive Größen externalisiert zu werden. Dies geschieht, wie auch Alfred Schütz bereits meinte, laut Berger und Luckmann vornehmlich durch institutionalisierte Typisierungen (Berger und Luckmann 1966: 72/2004: 76). Durch die Institutionalisierung wird die menschliche Tätigkeit sozialer Kontrolle unterworfen. Vor diesem Hintergrund bestimmen die etablierten sozialen Strukturen die Normalität, und es werden Sanktionsmechanismen eingerichtet, um die gemeinsame Gesellschaftsordnung zu bewahren und vor Abweichungen zu schützen. Mit der Zeit erhalten die Institutionen dann den Charakter der Unumgänglichkeit und Objektivität.

> Wir müssen uns immer wieder vor Augen führen, dass die Gegenständlichkeit der institutionalen Welt, so dicht sie sich auch dem Einzelnen darstellen mag, von Menschen gemachte, konstruierte Objektivität ist. […] Die institutionale Welt ist vergegenständlichte menschliche Tätigkeit, und jede einzelne Institution ist dies ebenso. […] Das Paradoxon, dass der Mensch fähig ist, eine Welt zu produzieren, die er dann anders denn als menschliches Produkt erlebt, wird uns noch beschäftigen. Im Augenblick ist zu betonen, dass die Beziehung zwischen dem Menschen als dem Hervorbringer und der gesellschaftlichen Wirklichkeit als seiner Hervorbringung dialektisch ist und bleibt. Das bedeutet: Der Mensch – freilich nicht isoliert, sondern inmitten seiner Kollektivgebilde – und seine gesellschaftliche Welt stehen miteinander in Wechselwirkung. (Berger und Luckmann 1966: 60f/2004: 64f)

Die *Ethnomethodologie* wurde Anfang der 1960er Jahre von dem amerikanischen Soziologen Harold Garfinkel vorgestellt. Garfinkel war nicht nur von Husserl, sondern auch von

Heidegger und Merleau-Ponty beeinflusst, hauptsächlich jedoch von Gurwitsch und Schütz. Die Aufgabe der Ethnomethodologie läuft, kurz gesagt darauf hinaus zu untersuchen, wie soziale Akteure ihre soziale Welt sinnvoll strukturieren, wie ihnen also die Situationen, in denen sie sich befinden, sinnvoll erscheinen können. Sie bemüht sich deshalb, die Dinge aus der Teilnehmerperspektive zu sehen und zu verstehen, wie sich ihre Lebensform als Resultat ihrer Interaktion begreifen lässt. Sie ist also nicht daran interessiert, inwiefern die jeweilige Lebensform wahr oder falsch ist, sondern eher daran, wie die Akteure ihre Auffassungen erworben haben. Die Ethnosoziologie möchte die unterschiedlichen Weisen ausmachen, auf die Mitglieder einer jeweiligen sozialen Gruppierung in ihrer Praxis die alltäglichen Gesellschaftsstrukturen hervorbringen. Das Ziel ist die Beschreibung dieser jeweiligen Praxis und ihrer Funktion (Garfinkel 1967: VIIf). Gesellschaftsstrukturen (Rollenmuster, Institutionen, kulturelle Sinn- und Wertesysteme) werden folglich eher als Produkte gesellschaftlicher Interaktion denn als präexistente determinierende Faktoren betrachtet. Daraus ergibt sich auch, dass die soziale Wirklichkeit eine zerbrechliche Konstruktion bildet – eine Struktur, die nur jeweils aktiv von den Teilnehmern aufrechterhalten wird. Es gibt keine starre Welt, wie Husserl bei Gelegenheit schrieb, sie ist uns lediglich in der Gestalt der Normalität bzw. Anormalität gegeben – das Sein der Welt hat nur den Anschein von Festigkeit. In Wahrheit handelt es sich nur um eine Normalitätskonstruktion, die jederzeit zusammenbrechen kann (Husserl 1973d: 212, 214, 381).

Nach Garfinkel sind wir alle ständig damit beschäftigt, eine vertraute Welt zu konstruieren, in der wir uns heimisch fühlen können. Wie bereits erwähnt geschieht dies durch einen Typisierungsprozess. Wir bedienen uns unterschiedlicher Routinen und Maximen zur Bewältigung der sozialen Wirklichkeit. Diese Routinen werden verinnerlicht und lagern sich ab, so dass sie aus dem Blickwinkel geraten. Damit werden die Bedingungen und Voraussetzungen unserer Produktion von sozialem Sinn uns selbst unzugänglich. Die Ethnomethodologie hat jedoch eigene Techniken entwickelt zur Enthüllung der unterschiedlichen Arten von Praxis, die man zur Etablierung einer Gesellschaftsordnung anwendet (Garfinkel 1967: 37f). Eine dieser Techniken hat zum Ziel, Situationen zu provozieren, die unsere üblichen Hintergrundannahmen untergraben und somit sichtbar machen. In einem seiner Experimente bat Garfinkel seine Studenten, sich zuhause wie Gäste zu benehmen und dabei die Reaktionen ihrer Familie zu beobachten und anschließend festzuhalten (Garfinkel 1967: 45ff). Die Reaktionen spannten von Verwunderung und Verwirrung bis zu Erbitterung und Wut und veranschaulichten nach Garfinkel, wie zerbrechlich die Gesellschaftsordnung ist – eine Ordnung, an deren Hervorbringung wir zwar selbst beteiligt sind, die wir aber nichts desto weniger für gegeben halten. In einem anderen Experiment bat Garfinkel seine Studenten dasselbe Verfremdungsprinzip in einem ganz gewöhnlichen Gespräch anzuwenden. Hier ein Beispiel:

S: Hallo, Ray, wie geht's deiner Freundin?
E: Was meinst du denn damit: „Wie es ihr geht"? Meinst du körperlich oder geistig?
S: Na, ich mein', wie es ihr geht? Was ist denn los mit dir? (Er machte einen genervten Eindruck.)
E: Nichts. Aber könntest du mir nicht etwas genauer erklären, was du eigentlich meinst?
S: Ach, vergiss es. Wie geht's mit deiner Bewerbung zum Medizinstudium?
E: Was meinst du mit: „Wie es damit geht"?
S: Na, du weißt schon, was ich mein'.
E: Ne, das weiß ich überhaupt nicht.
S: Eh Mann, was ist mit dir los? Irgendwas nicht in Ordnung? (Garfinkel 1967: 42f)

Garfinkel weist in diesem Zusammenhang wiederholt auf die Bedeutung der Indexikalität hin. Indexikalität deutet den Umstand an, dass der Sinn, den wir unserem Tun und Lassen zuschreiben, in hohem Masse vom Kontext abhängig ist. Allgemeiner besagt sie, dass unser Verstehen jeglicher Situation, jeglicher Tätigkeit und jeglichen Phänomens kontextabhängig ist, und sich diese Kontextabhängigkeit auch

nicht durch idealisierte oder standardisierte Begriffe überwinden und aufheben lässt, sondern vielmehr als ein Grundzug des menschlichen Verstehens akzeptiert werden muss.
Unser Verstehen lässt sich niemals völlig transparent machen, sondern es setzt immer einen Horizont von Hintergrundannahmen voraus.

Unter den konkreten Analysen der Ethnomethodologie lassen sich einige Studien unterschiedlicher Institutionen wie
z.B. von Gerichtshöfen, Krankenhäusern oder Polizeistatio-
nen hervorheben. Das Ziel war hier zu untersuchen, wie die
diesen Institutionen angehörenden Personen ihre offiziellen
Aufgaben ausführen und so zur Bewahrung und Legitimie-
rung dieser Institutionen beitragen. Als Beispiele ließen sich
die Beurteilung seiner Patienten durch den Psychiater, die
Abwägung der Schuldfrage durch die Schöffen oder die Be-
stimmung der Todesursache durch den Rechtsmediziner anführen. Die Ethnomethodologie möchte also das zugrunde
liegende Regelwerk und die ad hoc-Verfahren rekonstruieren,
die für die observierte Praxis leitend waren, und betont in der
Regel das implizite Verständnis, das das Handeln der Teilneh-
mer lenkt und orientiert.

Die Ethnomethodologie hat wiederholt eine Soziologie kritisiert, die die soziale Wirklichkeit anhand einer Reihe vorge-
gebener Kategorien wie etwa Geschlecht, Zwang, Klassenge-
gensätze usw. analysieren möchte. Es wurde behauptet, dass
ein solcher Ansatz die Wirklichkeit theoretisiere, statt sie zu
untersuchen. Sie setzt als selbstverständlich voraus, dass es
eine wohlgegliederte Weltordnung gibt, aber gerade diese Voraussetzung möchte die Ethnomethodologie hinterfragen. Statt
die soziale Welt zu vergewaltigen und ihr spekulative Begriffe
aufzuzwingen, sollte man lieber studieren, wie die Leute selbst
ihre soziale Wirklichkeit erleben. Für die Ethnomethodologie
besteht somit die Hauptaufgabe der Soziologie darin zu verstehen, wie die sozialen Akteure selbst die Aufgabe bewälti-
gen, die Ordnung der Wirklichkeit, in der sie leben, zu beschreiben und zu erklären.

Wollte man abschließend einige allgemeine Grundzüge der
phänomenologischen Soziologie aufzählen, so müsste man an

erster Stelle nennen, dass sie grundsätzlich darauf bestanden hat, dass die Untersuchung der Sozialität und der sozialen Wirklichkeit zwangsläufig die Subjektivität mit einzubeziehen habe. Die menschliche Subjektivität ist nicht ausschliesslich von sozialen Faktoren und Kräften geprägt und determiniert, sondern in der Interaktion mit anderen ist sie auch selbst an der Gestaltung der Wirklichkeit beteiligt. Phänomenologische Soziologen haben in der Regel auch vor der Verdinglichung sozialer Verhältnisse gewarnt und ein Korrektiv zur herkömmlichen Bevorzugung der positivistischen Forschungsmethodologie geboten. Die gesellschaftliche Wirklichkeit – einschließlich Institutionen, Organisationen, ethnischer Gruppierungen, Klassen usw. – wird als Produkt menschlicher Tätigkeit und menschlichen Handelns betrachtet, und die Aufgabe besteht somit darin zu verstehen, wie dieser Konstruktionsprozess eigentlich vor sich geht.

ANHANG: BIOGRAPHIEN

Edmund Husserl (1859-1938)

Husserl wurde am 8. April 1859 als Sohn einer jüdischen Familie in Prossnitz, Mähren – damals Teil des österreichischen Kaiserreichs – geboren. Von 1876 bis 1882 studierte er Physik, Mathematik, Astronomie und Philosophie, zunächst in Leipzig, dann in Berlin und schließlich in Wien, wo er sich Ende 1882 mit einer mathematischen Abhandlung promovierte und in den folgenden Jahren die Vorlesungen des Psychologen und Philosophen Franz Brentano besuchte. 1886 konvertierte Husserl zum Protestantismus, und im Jahr darauf konnte er seine Habilitation über den Zahlbegriff an der Universität in Halle einreichen, wo er die nächsten 14 Jahre als Privatdozent wirkte. Seine Beschäftigung galt in dieser Zeit einer ganzen Reihe erkenntnis- und wissenschaftstheoretischer Grundlagenprobleme und schlug sich in seinem 1900-01 erschienenen ersten Hauptwerk *Logische Untersuchungen* nieder. Dieses Werk brachte ihm den Ruf an die Universität in Göttingen, wo er 1901-16, zunächst als außerordentlicher, dann ab 1906 als ordentlicher Professor, lehrte. Sein nächstes Hauptwerk, das seine sogenannte transzendentalphilosophische Wende bezeichnet, erschien 1913 unter dem Titel *Ideen zu einer reinen Phänomenologie und phänomenologischen Philosophie I* (die Bände II und III wurden erst posthum herausgegeben).

1916 folgte Husserl einem Ruf nach Freiburg, wo er den Lehrstuhl für Philosophie vom Neukantianer Heinrich Rickert übernahm. In diesen Jahren waren Edith Stein und Martin Heidegger seine Assistenten, und dank ihrer redaktionellen Arbeit konnten 1928 die sogenannten *Vorlesungen zum inneren Zeitbewusstsein*, die zu Husserls berühmtesten gehören, herausgegeben werden. Als Husserl im selben Jahr erimitiert wurde, war es dann auch Heidegger, der seinen Lehrstuhl übernahm. In den folgenden Jahren erschienen die beide Werke *Formale und Transzendentale Logik* (1929) und *Méditations Cartésiennes* (1931).

Die letzten fünf Jahre seines Lebens musste Husserl erleben, Opfer der nazistischen Machtübernahme und der anti-jüdischen Rassengesetze zu werden. 1933 wurde er von der Liste der Universitätsprofessoren gestrichen und erhielt – unter anderem auf Grund von Heideggers Mitwirken – Leihverbot an der Universitätsbücherei. (Heidegger hatte seine Mitunterschrift zu einem Gesuch geleistet, der jüdischen Professoren Zutritt zur Bücherei versagen sollte.) Husserl war in diesen Jahren im deutschen Universitätsmilieu äußerst isoliert, 1935 jedoch (d.h. 76-jährig) erhielt er die Einladung zu Vorlesungen in Wien und Prag, und diese Vorträge bilden die Grundlage seines letzten Hauptwerkes, *Die Krisis der europäischen Wissenschaften und die transzendentale Phänomenologie*, dessen erster Teil 1936 in einer jugoslawischen Zeitschrift veröffentlich wurde.

Kurz nach Husserls Tod am 27. April 1938 gelang es einem jungen Franziskaner, Herman Leo van Breda, Husserls Forschungsmanuskripte aus Deutschland zu schmuggeln und in einem Kloster in Belgien in Sicherheit zu bringen. Bereits vor Beginn des Zweiten Weltkrieges wurde das Husserl-Archiv am philosophischen Institut in Löwen gestiftet, wo sich die Originalmanuskripte bis heute befinden, und gleichzeitig wurde die textkritische Ausgabe von Husserls Schriften, die *Husserliana*, in Angriff genommen.

Martin Heidegger (1889-1976)

Heidegger wurde am 26. September 1889 in der kleinen Stadt Meßkirch im Schwarzwald geboren. Er bereitete sich ursprünglich auf ein Priesteramt vor und trat 1909 nach dem Abitur auch als Novize in den Jesuitenorden ein, musste aber nach wenigen Wochen bereits die geistliche Ausbildung wieder aufgeben – angeblich aus Gesundheitsgründen.

Bereits 1907 war Heideggers philosophisches Interesse durch die Lektüre von Brentanos Studie *Von der mannigfachen Bedeutung des Seienden nach Aristoteles* geweckt worden. Nach seinem kurzen Aufenthalt bei den Jesuiten begann Heidegger das Studium der katholischen Theologie und der Philosophie des Mittelalters in Freiburg. 1911 gab er das Theologiestudium auf und widmete sich seither vornehmlich der Philosophie. Er promovierte sich 1913 mit der Abhandlung *Die Lehre vom Urteil im Psychologismus* und wurde bereits zwei Jahre darauf habilitiert mit der Schrift *Die Kategorien- und Bedeutungslehre des Duns Scotus* – eine Arbeit, die er bei Heinrich Rickert eingereicht hatte, dessen Lehrstuhl ein Jahr später von Husserl übernommen wurde. Kurz nach Husserls Wechsel nach Freiburg folgte ihm Heidegger und arbeitete in den Jahren 1918-23 als sein Assistent. 1919 brach Heidegger mit dem „System des Katholizismus". Heideggers Freiburger Vorlesungen der Jahre 1919-23, die sich mit so verschiedenen Denkern wie Aristoteles, Paulus, Dilthey, Natorp und Husserl auseinandersetzten, zogen allgemeine Aufmerksamkeit auf sich, und 1923 wurde Heidegger als außerordentlicher Professor an die Universität in Marburg berufen.

1927 erschien das Hauptwerk *Sein und Zeit*, und 1928 übernahm Heidegger Husserls Lehrstuhl in Freiburg. In folgenden Jahr hielt Heidegger seine berühmte Antrittsvorlesung *Was ist Metaphysik?* Nach der Machtergreifung wurde Heidegger 1933 zum Rektor der Freiburger Universität gewählt, woraufhin er in die NSDAP eintrat – die berüchtigte *Rektoratsrede* verdankt sich diesem Anlass. Aufgrund einiger Streitigkeiten legte Heidegger das Rektorat bereits 1934 wieder nieder und zog sich nach und nach aus der (Universitäts-)Politik zurück. Bis 1944 hielt Heidegger regelmäßig Vorlesungen, wobei er Nietzsche besonderes Interesse widmete. Nach Kriegsende jedoch verhängte die französische Besetzungsmacht Unterrichtsverbot über Heidegger wegen seiner Nazivergangenheit, und 1946 verlor er auch seine Professur.

Heidegger suchte nun den Kontakt französischer Intellektueller. Ein Brief von Sartre wurde zwar nie beantwortet, Ende 1946 sandte Heidegger jedoch seinen berühmten *Brief über*

den Humanismus an Jean Beaufret und rief damit eine lang-
jährige Verbindung mit Frankreich ins Leben. 1949 wurde das
Unterrichtsverbot aufgehoben und die Universität Freiburg
entschloss sich, Heidegger den Rang eines Emeritus zu ver-
leihen. In den Jahren von 1949 bis kurz vor seinem Tod ent-
faltete Heidegger eine umfassende Vortragswirksamkeit, aus
der auch so bedeutungsvolle Schriften wie *Die Kehre* (1949),
Die Frage nach der Technik (1957) und *Die onto-theo-lo-
gische Verfassung der Metaphysik* (1957) hervorgingen. 1975
wurde die Edition von Heideggers gesammelten Werken (GA:
Gesamtausgabe) in Angriff genommen, die auf mehr als hundert Bände angelegt ist.

Jean Paul Sartre (1905-1980)

Sartre wurde am 21. Juni 1905 in Paris geboren. Er studierte
Philosophie an der *École Normale Supérieure* und erhielt
1929 seine „agrégation" (Staatsexamen). Während dieser Stu-
dienjahre machte er auch Bekanntschaft mit einer ganzen Generation führender französischer Intellektueller, darunter Simone de Beauvoir, Raymond Aron, Maurice Merleau-Ponty,
Simone Weil, Emmanuel Mounier, Jean Hyppolite und Clau-
de Lévi-Strauss. Insbesondere seine Beziehung mit Simone
de Beauvoir erlangte nahezu legendären Status. Zwischen
1931 und 1945 unterrichtete Sartre an Gymnasien in Le Hav-
re, Laon und Paris. Anfang der 1930er Jahre stiftete er durch
Aron und Lévinas Bekanntschaft mit der Phänomenologie
Husserls und Heideggers, und 1933-34 befand er sich, vornehmlich zum Studium Husserls, auf einem Studienaufenthalt
in Berlin.
    Als Ergebnis dieser Studien konnte Sartre in der zweiten
Hälfte der 1930er Jahre vier Bücher über verschiedene Be-
wusstseinsmodalitäten vorlegen: eines über die Struktur des
Bewusstsein (*La transcendence de l'ego*, 1936), zwei über die
Phantasie und die Einbildungskraft (*L'imagination*, 1936, und

L'imaginaire, 1940) und eines über die Wesensart der Gefühle (*Esquisse d'une théorie des émotions*, 1939). Diese Werke sind deutlich geprägt von Sartres Studium der *Logischen Untersuchungen* und *Ideen* von Husserl. Bei Kriegsausbruch wurde Sartre einberufen und geriet 1940 in deutsche Kriegsgefangenschaft, während derer er sich der intensiven Lektüre Heideggers widmete und auch sein nächstes Buch in Angriff nahm. Nach seiner Entlassung 1941 wurde Sartre zusammen mit Merleau-Ponty in einer (nicht allzu erfolgreichen) Widerstandsgruppe tätig, und 1943 konnte sein Hauptwerk, *L'être et néant*, erscheinen, das deutlich geprägt ist von seinem Studium von Heideggers *Sein und Zeit* und *Was ist Metaphysik?* 1945 gründete Sartre die Zeitschrift *Les temps modernes*, die er selbst (in den ersten Jahren zusammen mit Merleau-Ponty) herausgab.

Nach Kriegsende entschied sich Sartre, seine Lehrtätigkeit einzustellen, um sich ganz seiner Arbeit als Schriftsteller und Herausgeber widmen zu können. Sartre war also einer der äußerst wenigen Philosophen des 20. Jahrhunderts, die keine Stellung an der Universität hatten. Nach dem Krieg nahm jedoch nicht allein sein Wirken als belletristischer Verfasser und philosophischer Literat zu, sondern auch sein politisches Engagement. Seine Sympathie für den Marxismus und seine Begeisterung für die Sowjetunion wuchsen. Sartre ist jedoch nie der Kommunistischen Partei beigetreten, obgleich seine Sympathie für die Sowjetunion bis zur Invasion Ungarns 1956 nahezu ungemindert anhielt. 1960 veröffentlichte Sartre sein zweites philosophisches Hauptwerk, *Critique de la raison dialectique*, das deutliche Spuren seines politischen und sozialen Engagements trug. 1964 gewann Sartre den Nobelpreis für Literatur, weigerte sich jedoch aus prinzipiellen Gründen den Preis entgegenzunehmen. Sartre blieb bis zu seinem Tod politisch aktiv. Er setzte sich für den Widerstand gegen Frankreichs Krieg in Algerien ein, nahm u.a. mit Bertrand Russell am Widerstand gegen den Vietnamkrieg teil und unterstützte aktiv die Studentenaufstände von 1968. Als er im April 1980 starb, nahmen etwa 50.000 Trauernde an seiner Beerdigung teil – ein Zeugnis für die Popularität Sartres.

Maurice Merleau-Ponty (1908-1961)

Merleau-Ponty wurde am 14.März 1908 in Rochefort-sur-Mer geboren. Wie auch Sartre studierte er Philosophie an der *École Normale Supérieure* und erhielt 1930 seine „agrégation". Anfangs waren es vor allem Bergson und Maine de Biran, denen sein Interesse galt. In den Vorkriegsjahren unterrichtete er zunächst an Gymnasien in der Provinz (Beauvais und Chartres), seither an der *École Normale Supérieure* in Paris.

Im Laufe der 1930er Jahre wuchs Merleau-Pontys Interesse an der Phänomenologie, und bereits 1939 besuchte er als erster Ausländer das neugestiftete Husserl-Archiv in Löwen, wo er sich u.a. mit Husserls Leibanalysen in *Ideen II* vertraut machte, die erst 1952 in den *Husserliana* veröffentlicht wurden. In den folgenden Jahren bemühte sich Merleau-Ponty mehrfach in Paris ein Forschungszentrum mit Kopien von Husserls Manuskripten einzurichten. Im Krieg diente Merleau-Ponty 1939-40 als Leutnant im französischen Heer. Nach der Kapitulation Frankreichs kehrte er nach Paris zurück, um zu, nahm jedoch auch, zusammen mit Sartre, an der Widerstandsbewegung teil.

1942 erschien sein erstes Buch, *La structure du comportement*, und 1945 sein erstes Hauptwerk, *Phénoménologie de la perception*, das u.a. eine Kritik von Sartres *L'être et néant* enthält. Jetzt kam Merleau-Pontys akademische Karriere ins Laufen. Zunächst wurde er Professor für Philosophie an der Universität in Lyon und übernahm dann 1949 den Lehrstuhl für Entwicklungspsychologie und Pädagogik an der Sorbonne in Paris. Drei Jahre später erhielt er einen Ruf an den Lehrstuhl für Philosophie am *Collège de France*, an dem er bis zu seinem frühzeitigen Tod 1961 unterrichtete. Von 1945 bis 1952 war er außerdem Mitherausgeber von Sartres Zeitschrift *Les temps modernes*.

In der Nachkriegszeit war Merleau-Ponty wie Sartre mit konkreten politischen Fragen beschäftigt und veröffentlichte u.a. einige Bände mit politischen Aufsätzen, *Humanisme et terreur* (1947), *Sens et non-sens* (1948) und *Les aventures de la dialectique* (1955). Bereits Anfang der 1950er Jahre jedoch begannen Sartre und Merleau-Ponty sich wegen politischer Streitigkeiten auseinanderzuleben, und die Veröffentlichung von 1955 mit ihrer scharfen Kritik an Sartre führte zu einem regelrechten Bruch, den man sich erst spät, kurz vor Merleau-Pontys Tod, wieder zu heilen bemühte. Neben diesem politischen Engagement setzte Merleau-Ponty seine Lehrtätigkeit fort, und einige seiner Vorlesungen an der Sorbonne und dem Collège de France sind posthum erschienen. Merleau-Ponty befasste sich in diesen Jahren mit zahlreichen Themen, die ausserhalb der Fachphilosophie im engeren Sinne liegen, wie z.b. Entwicklungspsychologie, strukturelle Linguistik, Ethnologie und Psychoanalyse. 1960 erschien ein weiterer Band mit Aufsätzen, *Signes*, und 1964 posthum das unvollendete *Le visible et l'invisible*, das von nicht wenigen als Merleau-Pontys zweites Hauptwerk betrachtet wird.

Emmanuel Lévinas (1906-1995)

Lévinas wurde als Sohn einer jüdischen Familie am 12. Januar 1906 in Kaunas, Litauen, geboren. 1923 reiste er nach Straßburg, um Philosophie zu studieren, und von hier führte sein Weg nach Freiburg (wo er sowohl bei Husserl als auch bei Heidegger studierte) und weiter nach Paris. 1930 erhielt Lévinas die französische Staatsbürgerschaft. Im selben Jahr veröffentlichte er seine Dissertation unter dem Titel *La théorie de l'intuition dans la phénoménologie de Husserl* und konnte sich damit als einer der führenden französischen Kenner der deutschen Phänomenologie einen Namen machte. In diesen Jahren war Lévinas ebenfalls an der französischen Übersetzung von Husserls *Cartesianischen Meditationen* beteiligt. Bei Kriegsausbruch wurde Lévinas eingezogen und musste die meisten Kriegsjahre nach der französischen Kapitulation als Kriegsgefangener in deutschen Gefangenenlagern verbringen. Er entkam jedoch dem Schicksal seiner Familie, die in

Litauen der nationalsozialistischen Ausrottungspolitik zum Opfer fiel.

Nach dem Krieg wurde Lévinas Rektor der *École Normale Israélite Orientale*. Darauf folgten Professorate in Poitiers (1961), Nanterre (1967) und schließlich ab 1973 an der Sorbonne in Paris. Seine nächsten drei Werke, *De l'existence à l'existant* (1947), *Le temps et l'autre* (1948) und *En découvrant l'existence avec Husserl et Heidegger* (1949), sind noch deutlich Husserl und Heidegger verpflichtet, greifen jedoch auch bereits den Themen vor, die Lévinas Denken prägen sollten, wie die Beziehung zum Anderen und das Verhältnis zwischen Ethik und Ontologie. Diese Arbeit kulminiert zunächst 1961 mit der Veröffentlichung von Lévinas erstem Hauptwerk, *Totalité et infini*, dessen Analyse der Begegnung von Angesicht zu Angesicht mit dem Anderen auch von Lévinas Studien der jüdischen Philosophie, und hier vor allem der dialog-philosophischen Tradition (Rosenzweig und Buber), beeinflusst ist. Diese Gedanken radikalisierte Lévinas noch in seinem zweiten Hauptwerk, *Autrement qu'être ou au-delà de l'essence* (1974), das von vielen als sein wichtigstes – doch auch schwierigstes – Werk betrachtet wird. Neben seinen zahlreichen philosophischen Schriften veröffentlichte Lévinas auch einige Talmudkommentare (u.a. *Quatre lectures Talmudique* (1968), *Du sacré au saint* (1977) und *Láu-delà du verset* (1982)). Lévinas starb in Paris am 25. Dezember 1995.

BIBLIOGRAPHIE

I. Zitierte Literatur

Berger, P.L. und Th. Luckmann: *The Social Construction of Reality: A Treatise in the Sociology of Knowledge.* New York: Doubleday, 1966. / Dt. Berger, P.L. und Th. Luckmann: *Die gesellschaftliche Konstruktion der Wirklichkeit.* Frankfurt am Main: Fischer, 2004.

Blankenburg, W.: *Der Verlust der natürlichen Selbstverständlichkeit.* Stuttgart: Ferdinand Enke Verlag, 1971.

Barber, M.: „Alfred Schutz", *The Stanford Encyclopedia of Philosophy* (Winter 2002 Edition), Edward N. Zalta (Hrg.), http://plato.stanford.edu/archives/win2002/entries/schutz/

Caputo, J.D.: „The Question of Being and Transcendental Phenomenology: Reflections on Heidegger's Relationship to Husserl". In Chr. Macann (Hrg.): *Martin Heidegger – Critical Assessments I.* London: Routledge, 1992, 326-344.

Courtine, J.-F.: *Heidegger et la phénoménologie.* Paris: Vrin, 1990.

Derrida, J.: „Geschlecht. Différence sexuelle, différence ontologique". In M. Haar (Hrg.): *Cahier de l'Herne: Heidegger.* Paris: L'Herne, 1983.

Dufrenne, M.: *Phénoménologie de l'expérience esthétique.* Paris: PUF, 1953.

Fodor, J.: *Psychosemantics.* Cambridge, MA: MIT Press, 1987.

Galileo Galilei: „Il Saggiatore". In Galileo Galilei: *Opere.* Milano/Napoli: Riccardo Riccardi Editore, 1953.

Garfinkel, H.: *Studies in Ethnomethodology.* Englewood Cliffs, NJ: Prentice-Hall, 1967.

Gibson, J.J.: *The Ecological Approach to Visual Perception.* Hillsdale, NJ: Lawrence Erlbaum Associates, 1979

Gurwitsch, A.: *Phenomenology and the Theory of Science.* Evanston: Northwestern UniversityPress, 1974.

Habermas, J.: *Theorie des kommunikativen Handelns II.* Frankfurt am Main: Suhrkamp, 1981.

Habermas, J.: *Zur Logik der Sozialwissenschaften.* Frankfurt am Main: Suhrkamp, 1982.

Habermas, J.: *Vorstudien und Ergänzungen zur Theorie des kommunikativen Handelns.* Frankfurt am Main: Suhrkamp, 1984.

Habermas, J.: „Entgegnung". In A. Honneth und H. Joas (Hrgg.): *Kommunikatives Handeln.* Frankfurt am Main: Suhrkamp, 1986, 327-405.

Habermas, J.: *Nachmetaphysisches Denken.* Frankfurt am Main: Suhrkamp, 1988.

Habermas, J.: *Der philosophische Diskurs der Moderne*. Frankfurt am Main: Suhrkamp, 1991.

Heidegger, M. *Wegmarken*. Frankfurt am Main: Vittorio Klostermann, 1978a.

Heidegger, M. *Metaphysische Anfangsgründe der Logik im Ausgang von Leibniz*. Frankfurt am Main: Vittorio Klostermann, 1978b.

Heidegger, M.: *Prolegomena zur Geschichte des Zeitbegriffs*. Frankfurt am Main: Vittorio Klostermann, 1979.

Heidegger, M.: *Sein und Zeit*. Tübingen: Max Niemeyer, 1986.

Heidegger, M.: *Grundprobleme der Phänomenologie*. Frankfurt am Main: Vittorio Klostermann, 1989.

Heidegger, M.: *Kant und das Problem der Metaphysik*. Frankfurt am Main: Vittorio Klostermann, 1991.

Heidegger, M.: *Zollikoner Seminare*. Frankfurt am Main: Vittorio Klostermann, 1994.

Husserl, E.: *Ideen zu einer reinen Phänomenologie und phänomenologischen Philosophie II*. Husserliana IV. Den Haag: Martinus Nijhoff, 1952

Husserl, E.: *Erste Philosophie II (1923-24)*. Husserliana VIII. Den Haag: Martinus Nijhoff, 1959.

Husserl, E.: *Die Krisis der europäischen Wissenschaften und die transzendentale Phänomenologie*. Husserliana VI. Den Haag: Martinus Nijhoff, 1962a.

Husserl, E.: *Phänomenologische Psychologie*. Husserliana IX. Den Haag: Martinus Nijhoff, 1962b.

Husserl, E.: *Analysen zur passiven Synthesis*. Husserliana XI. Den Haag, Martinus Nijhoff, 1966.

Husserl, E.: *Ideen zu einer reinen Phänomenologie und phänomenologischen Philosophie III*. Husserliana V. Den Haag: Martinus Nijhoff, 1971.

Husserl, E. *Cartesianische Meditationen und Pariser Vorträge*. Husserliana I. Den Haag: Martinus Nijhoff, 1973a.

Husserl, E.: *Zur Phänomenologie der Intersubjektivität I*. Husserliana XIII. Den Haag: Martinus Nijhoff, 1973b.

Husserl, E.: *Zur Phänomenologie der Intersubjektivität II*. Husserliana XIV. Den Haag: Martinus Nijhoff, 1973c.

Husserl, E.: *Zur Phänomenologie der Intersubjektivität III*. Husserliana XV. Den Haag: Martinus Nijhoff, 1973d.

Husserl, E.: *Ding und Raum*. Husserliana XVI. Den Haag: Martinus Nijhoff, 1973e.

Husserl, E.: *Formale und Transzendentale Logik*. Husserliana XVII. Den Haag: Martinus Nijhoff, 1974.

Husserl, E:. *Ideen zu einer reinen Phänomenologie und phänomenologischen Philosophie I*. Husserliana III/1-2. Den Haag: Martinus Nijhoff, 1976.

Husserl, E.: *Phantasie, Bildbewusstsein, Erinnerung*. Husserliana XXIII. Dordrecht: Kluwer, 1980.

Husserl, E.: *Logische Untersuchungen II*. Husserliana XIX/1-2. Den Haag: Martinus Nijhoff, 1984

Husserl, E.: *Aufsätze und Vorträge (1911-1921)*. Husserliana XXV. Den Haag: Martinus Nijhoff, 1987.

Ingarden, R.: *Das literarische Kunstwerk*. Halle: M. Niemeyer, 1931.

Lévinas, E.: *Le temps et l'autre*. Paris: Fata Morgana, 1979. / Dt. Lévinas, E.: *Die Zeit und der Andere*. Hamburg: Meiner, 1995.

Lévinas, E.: *De Dieu qui vient à l'idée*. Paris: Vrin, 1982. / Dt. Lévinas, E.: *Wenn Gott ins Denken einfällt*. Freiburg: Alber, 1988.

Luhmann, N.: „Intersubjektivität oder Kommunikation: unterschiedliche Ausgangspunkte soziologischer Theorienbildung." *Archivio di Filosofia* 54 (1986), 41-60.

Luhmann, N.: *Soziale Systeme. Grundriss einer allgemeinen Theorie*. Frankfurt am Main 1991.

Luhmann, N.: „Instead of a Preface." In N. Luhmann: *Social Systems*. Stanford 1995.

Meyer-Drawe, K.: *Leiblichkeit und Sozialität. Phänenomenologische Beiträge zu einer pädagogischen Theorie der Inter-Subjektivität*. München: Wilhelm Fink, 1987.

Merleau-Ponty, M.: *Phénoménologie de la perception*. Paris: PUF, 1945. / Dt. Merleau-Ponty, M.: *Phänomenologie der Wahrnehmung*. Berlin: de Gruyter, 1966.

Merleau-Ponty, M.: *Signes*. Paris: Gallimard, 1960.

Merleau-Ponty, M.: *Le visible et l'invisible*. Paris: Gallimard, 1964

Merleau-Ponty, M.: *Sens et non-sens*. Paris: Gallimard, 1996. / Dt. Merleau-Ponty, M.: *Sinn und Nicht-Sinn*. München: Fink, 2002.

Mill, J.S.: *An Examination of Sir William Hamilton's Philosophy*. London: Longmans,1867.

Minkowski, E.: *La schizophrènie. Psychopathologie des schizoïdes et des schizophrènes*. Paris: Payot, 1927.

Natorp, P.: *Allgemeine Psychologie nach kritischer Methode*. Tübingen: J.C.B. Mohr, 1912.

Norberg-Schulz, Ch.: *Genius Loci: Towards a Phenomenology of Architecture*. New York: Rizzoli, 1985.

Øverenget, E.: *Seeing the Self. Heidegger on Subjectivity*. Dordrecht: Kluwer, 1998.

Overgaard, S.: *Husserl and Heidegger on Being in the World*. Phaenomenologica 173. Dordrecht: Kluwer, Academic Publishers, 2004.

Pietersma, H.: *Phenomenological Epistemology*. Oxford: Oxford University Press, 1999.

Sartre, J.-P.: *L'être et le néant*. Paris: Gallimard, 1943/1976. / Dt. Sartre, J.-P.: *Das Sein und das Nichts. Versuch einer phänomenologischen Ontologie*. Reinbek: Rohwohlt, 1993.

Sass, L.: *Madness and Modernism: Insanity in the Light of Modern Art, Literature, and Thought*. New York: Basic Books, 1992.

Schmid, H.B.: *Subjekt, System, Diskurs*. Dordrecht: Kluwer Academic Publishers, 2000.

Schuhmann, K.: *Husserls Staatsphilosophie*. Freiburg: Karl Alber, 1988.

Schutz, A.: *The Problem of Social Reality. Collected Papers I.* Den Haag: Martinus Nijhoff, 1962. / Dt. Schütz, Alfred: *Gesammelte Aufsätze I. Das Problem der sozialen Wirklichkeit.* Den Haag: Martinus Nijhoff, 1971.

Schutz, A.: *Studies in Social Theory. Collected Papers II.* Den Haag: Martinus Nijhoff, 1964.

Schutz, A.: *Studies in Phenomenological Philosophy. Collected Papers III.* Den Haag: Martinus Nijhoff, 1966.

Schütz, A. und Th. Luckmann: *Strukturen der Lebenswelt I-II.* Frankfurt am Main: Suhrkamp, 1979.

Schütz, A.: *Der sinnhafte Aufbau der sozialen Welt. Eine Einleitung der sozialen Welt.* 1932/1991.

Sheets-Johnstone, M.: *The Primacy of Movement,* Amsterdam: Benjamins, 1999.

Strasser, S.: *Phenomenology and the Human Sciences: A Contribution to a New Scientific Ideal.* Pittsburgh, PA: Duquesne University Press, 1963.

Tugendhat, E.: *Der Wahrheitsbegriff bei Husserl und Heidegger.* Berlin: de Gruyter, 1970.

Waldenfels, B.: *Topographie des Fremden. Studien zur Phänomenologie des Fremden I.* Frankfurt am Main: Suhrkamp, 1997.

Zahavi, D.: *Husserl und die transzendentale Intersubjektivität. Eine Antwort auf die sprachpragmatische Kritik.* Dordrecht/Boston/London: Kluwer Academic Publishers, 1996.

Zahavi, D.: *Self-Awareness and Alterity. A Phenomenological Investigation.* Evanston: Northwestern University Press, 1999.

Zahavi, D.: „Alterity in Self." *Arob@se* 4/1-2, 2000, 125-142.

Zahavi, D.: „Merleau-Ponty on Husserl. A Reappraisal." In T. Toadvine und L. Embree (Hrgg.): *Merleau-Ponty's Reading of Husserl.* Dordrecht: Kluwer Academic Publishers, 2002a, 3-29.

Zahavi, D.: „First-person Thoughts and Embodied Self-awareness. Some Reflections on the Relation between Recent Analytical Philosophy and Phenomenology." *Phenomenologyand the Cognitive Sciences* 1, 2002b, 7-26.

Zahavi, D.: „Review of Hans Bernhard Schmid, *Subjekt, System, Diskurs.*" *Husserl Studies* 18/2, 2002c, 157-164.

Zahavi, D.: "Intersubjectivity in Sartre's *Being and Nothingness.*" *Alter* 10, 2002d, 265-281.

Zahavi, D.: *Husserl's Phenomenology.* Stanford: Stanford University Press, 2003.

II. Weiterführende Literatur

A. Einführende Literatur zur Phänomenologie

Hammond, M., J. Howarth und R. Keat: *Understanding Phenomenology*. Oxford: Blackwell, 1991.
Waldenfels, B.: *Einführung in die Phänomenologie*. Stuttgart: UTB, 1992.
Moran, D.: *Introduction to Phenomenology*. London: Routledge, 2000.
Sokolowski, R.: *Introduction to Phenomenology*. Cambridge: Cambridge University Press, 2000.
Pietersma, H.: *Phenomenological Epistemology*. Oxford: Oxford University Press, 2000.

B. Husserl

Husserls Werke erscheinen in der *Husserliana*, Den Haag: Martinus Nijhoff, 1950ff.

I. Ausgewählte Einzelveröffentlichungen:
Husserl, E.: *Cartesianische Meditationen*. Hamburg: Meiner, 1995.
Husserl, E.: *Die Krisis der europäischen Wissenschaften und die transzendentale Phänomenologie*. Hamburg: Meiner, 1996.
Husserl, E.: *Texte zur Phänomenologie des Inneren Zeitbewusstseins* (1893-1917). Hamburg: Meiner, 1985.
Husserl, E.: *Die Idee der Phänomenologie*. Hamburg: Meiner, 1986.
Husserl, E.: *Die phänomenologische Methode*. Ausgewählte Texte I. Ditzingen: Reclam, 1985.
Husserl, E.: *Phänomenologie der Lebenswelt*. Ausgewählte Texte II. Ditzingen: Reclam, 1986.
Husserl, E.: *Ideen zu einer reinen Phänomenologie und phänomenologischen Philosophie. Allgemeine Einführung in die Phänomenologie*. Tübingen: Niemeyer, 1993.
Husserl, E.: *Einführung in die reine Phänomenologie*. Tübingen: Niemeyer, 1993.
Husserl, E.: *Logische Untersuchungen I-III. Untersuchungen zur Phänomenologie und Theorie der Erkenntnis*. Tübingen: Niemeyer, 1993.

II. Sekundärliteratur
Sokolowski, R.: *Husserlian Meditations*. Evanston: Northwestern University Press, 1974.
Bernet, R., I. Kern, E. Marbach: *An Introduction to Husserlian Phenomenology*. Evanston: Northwestern University Press, 1993.

Welton, D.: *The Other Husserl: The Horizons of Transcendental Phenomenology*. Bloomington: Indiana University Press, 2002.

Prechtl, P.: *Husserl zur Einführung*. Hamburg: Junius, 2002.

Zahavi, D.: *Husserl's Phenomenology*. Stanford: Stanford University Press, 2003.

C. Heidegger

Heideggers Werke erscheinen in der sogenannten Gesamtausgabe (GA), Frankfurt am Main: Vittorio Klostermann, 1975ff.

Ausgewählte Einzelausgaben:

Heidegger, M.: *Sein und Zeit*. Tübingen: Tübingen: Max Niemeyer, 1986.

Heidegger, M.: *Grundprobleme der Phänomenologie*. Frankfurt am Main: Klostermann, 2005.

Heidegger, M.: *Einführung in die Metaphysik*. Tübingen: Niemeyer, Tübingen, 1998.

Heidegger, M.: *Wegmarken*. Frankfurt am Main: Klostermann, 2004.

Heidegger, M.: *Holzwege*. Frankfurt am Main: Klostermann, 2003.

Heidegger, M.: *Vorträge und Aufsätze*. Stuttgart: Klett-Cotta, 2000.

Heidegger, M.: *Unterwegs zur Sprache*. Stuttgart: Klett-Cotta, 2003.

Heidegger, M.: *Nietzsche I-II*. Stuttgart: Klett-Cotta, 1998.

Heidegger, M.: *Identität und Differenz*. Stuttgart: Klett-Cotta, 2002.

II. Sekundärliteratur

Safranski, R.: *Ein Meister aus Deutschland. Heidegger und seine Zeit*. Frankfurt am Main: Fischer, 2001.

Steiner, G.: *Martin Heidegger*. Chicago: University of Chicago Press, 1991. / Dt. Steiner, G.: *Martin Heidegger. Eine Einführung*. München: Hanser, 1989.

Thomä, D.: *Heidegger-Handbuch*. Stuttgart: Metzler, 2003.

Pöggeler, O.: *Der Denkweg Martin Heideggers*. Neske: Klett-Cotta, 1994.

Figal, G.: *Martin Heidegger zur Einführung*. Hamburg: Junius Verlag, 1999.

D. Merleau-Ponty

I. Werke Merleau-Pontys auf Deutsch (Auswahl)

Merleau-Ponty, M.: *Phänomenologie der Wahrnehmung*. Berlin: de Gruyter, 1966.

Merleau-Ponty, M.: *Das Auge und der Geist. Philosophische Essays*. Hamburg: Meiner, 2002.

Merleau-Ponty, M.: *Das Primat der Wahrnehmung*. Frankfurt am Main: Suhrkamp, 2003.

116   Bibliographie

Merleau-Ponty, M.: *Das Sichtbare und das Unsichtbare*. Gefolgt von Arbeits-
    notizen. München: Fink, 2004.
Merleau-Ponty, M.: *Sinn und Nicht-Sinn*. München: Fink, 2002.

II. Sekundärliteratur
Kwant, R.C.: *The Phenomenological Philosophy of Merleau-Ponty*. Pitts-
    burgh, PA: Duquesne University Press, 1963.
Madison, G.B.: *Merleau-Ponty's Phenomenology*. Athens: Ohio University
    Press, 1981.
Dillon, M.C.: *Merleau-Ponty's Ontology*. Evanston: Northwestern University
    Press, 1997.
Bermes, Chr.: *Merleau-Ponty zur Einführung*. Hamburg: Junius, 2004.

E. Sartre

I. Werke Sartres auf Deutsch (Auswahl)
Sartre, J.-P.: *Die Transzendenz des Ego. Philosophische Essays 1931 bis 1939*.
    Reinbek: Rowohlt, 1997.
Sartre, J.-P.: *Das Imaginäre. Phänomenologische Psychologie der Einbil-
    dungskraft*. Reinbek: Rowohlt, 1971.
Sartre, J.-P.: *Das Sein und das Nichts. Versuch einer phänomenologischen
    Ontologie*. Reinbek: Rowohlt, 1993.
Sartre, J.-P.: *Der Existentialismus ist ein Humanismus. Und andere philoso-
    phische Essays 1943-1948*. Reinbek: Rowohlt, 2000.
Sartre, J.-P.: *Kritik der dialektischen Vernunft 1. Theorie der gesellschaftlichen
    Praxis*. Reinbek: Rowohlt, 1981.
Sartre, J.-P.: *Entwürfe für eine Moralphilosophie*. Reinbek: Rowohlt, 2005.

II. Sekundärliteratur
Hartmann, K.: *Die Philosophie J.-P. Sartres*. Berlin: De Gruyter, 1983.
Cohen-Solal, A.: *Sartre 1905-1980*. Reinbek: Rowohlt, 2002.
Kampits, P.: *Jean-Paul Sartre*. München: Beck, 2004.

F. Lévinas

I. Werke Lévinas' auf Deutsch (Auswahl)
Lévinas, E.: *Vom Sein zum Seienden*. Freiburg: Alber, 2002.
Lévinas, E.: *Die Zeit und der Andere*. Hamburg: Meiner, 1995.
Lévinas, E.: *Totalität und Unendlichkeit. Versuch über die Exteriorität*. Frei-
    burg: Alber, 2002.
Lévinas, E.: *Jenseits des Seins oder anders als das Sein geschieht*. Freiburg:
    Alber, 1998.
Lévinas, E.: *Wenn Gott ins Denken einfällt*. Freiburg: Alber, 1988.
Lévinas, E.: *Ethik und Unendliches*. Wien: Passagen, 2007.

Lévinas, E.: *Humanismus des anderen Menschen*. Hamburg: Meiner, 2005.

II. Sekundärliteratur

Bernasconi, R. und S. Critchley (Hrgg.): *Re-reading Levinas*. Bloomington: Indiana University Press, 1991.

Malka, S.: *Emmanuel Lévinas*. München: Beck, 2004.

Peperzak, A.: *To the Other: An Introduction to the Philosophy of Emmanuel Levinas*. Ashland: Purdue University Press, 1993.

Stegmaier, W.: *Lévinas*. Freiburg: Herder, 2002

Taureck. B.: *Lévinas zur Einführung*. Hamburg: Junius, 2006.

G. Leibphänomenologie

Franck, D.: *Chair et Corps*. Paris: Les Éditions de Minuit, 1981.

Leder, D.: *The Absent Body*. Chicago: Chicago University Press, 1990.

Sheets-Johnstone, M.: *The Primacy of Movement*. Amsterdam: John Benjamins, 1999.

Waldenfels, B.: *Das leibliche Selbst. Vorlesungen zur Phänomenologie des Leibes*. Frankfurt am Main: Suhrkamp, 2001.

H. Die Intersubjektivitetsproblematik

Waldenfels, B.: *Das Zwischenreich des Dialogs: Sozialphilosophische Untersuchungen in Anschluss an Edmund Husserl*. The Hague: Martinus Nijhoff, 1971.

Hart, J.G.: *The Person and the Common Life*. Kluwer, Dordrecht 1992.

Theunissen, M.: *Der Andere*. Berlin: De Gruyter, 1995.

Steinbock, A.: *Home and Beyond. Generative Phenomenology after Husserl*. Evanston: Northwestern University Press, 1995.

Zahavi, D.: *Husserl and Transcendental Intersubjectivity. A Response to the Linguistic-Pragmatic Critique*. Athens, Ohio University Press, 2001.

I. Phänomenologische Soziologie

Berger, P.L.: *Invitation to Sociology: A Humanistic Perspective*. New York: Anchor. 1963. / Dt. Berger, P.L.: *Einladung zur Soziologie*. Olten: Walter, 1969.

Natanson, M. (Hrg.): *Phenomenology and Social Reality*. The Hague: Nijhoff, 1973.

Psathas, G. (Hrg.): *Phenomenological Sociology: Issues and Applications*. New York: Wiley, 1973.

Bogdan, R. und S.J. Taylor: *Introduction to Qualitative Research Methods: A Phenomenological Approach to the Social Sciences.* New York: Wiley, 1975.

Luckmann, T. (Hrg.): *Phenomenology and Sociology: Selected Readings.* New York: Penguin, 1978.

Aho, J.A.: *The Things of the World: A Social Phenomenology.* Westport, Conn.: Praeger. 1998.

Bühl, W.L.: *Phänomenologische Soziologie. Ein kritischer Überblick.* Konstanz: UVK, 2007.

Sachverzeichnis

PERSONENVERZEICHNIS

Kurt Bayertz (Hrsg.)
Warum moralisch sein?
Probleme der Philosophie
UTB 2300 S
ISBN 978-3-8252-**2300**-7
Schöningh. 2. Aufl. 2006.
285 S.,
EUR 21,90, sfr 38,00

Jos Decorte
**Eine kurze Geschichte
der mittelalterlichen
Philosophie**
UTB 2439 M
ISBN 978-3-8252-**2439**-4
Schöningh. 2006.
352 S.,
EUR 19,90, sfr 34,70

Johann Dieckmann
**Schlüsselbegriffe
der Systemtheorie**
UTB 2763 S
ISBN 978-3-8252-**2763**-0
W. Fink. 2006.
356 S.,
EUR 19,90, sfr 34,70

Peter Fischer
Einführung in die Ethik
UTB 2450 S
ISBN 978-3-8252-**2450**-9
W. Fink. 2003.
312 S.,
EUR 16,90, sfr 29,70

Peter Fischer
Politische Ethik
Eine Einführung
UTB 2762 S
ISBN 978-3-8252-**2762**-3
W. Fink. 2006.
244 S.,
EUR 12,90, sfr 23,00

Peter Fischer
Philosophie der Religion
UTB 2887 S
ISBN 978-3-8252-**2887**-3
Vandenhoeck & Ruprecht.
2007. 236 S.,
EUR 14,90, sfr 26,30

Annemarie Gethmann-Siefert
**Einführung in Hegels
Ästhetik**
UTB 2646 M
ISBN 978-3-8252-**2646**-6
W. Fink. 2005.
376 S.,
EUR 18,90, sfr 33,00

Karen Gloy
**Grundlagen der
Gegenwartsphilosophie**
Eine Einführung
UTB 2758 M
ISBN 978-3-8252-**2758**-6
W. Fink. 2006.
288 S., 1 Abb.,
EUR 17,90, sfr 31,40

Walter Gölz
Kants "Kritik der reinen Vernunft" im Klartext
Textbezogene Darstellung des Gedankengangs mit Erklärung und Diskussion
UTB 2759 M
ISBN 978-3-8252-**2759**-3
Mohr Siebeck. 2006. 199 S.,
EUR 17,90, sfr 31,40

Christoph Herrmann,
Michael Pauen, Jochem Rieger,
Silke Schicktanz (Hrsg.)
Bewußtsein
Philosophie, Neurowissenschaften, Ethik
UTB 2686 S
ISBN 978-3-8252-**2686**-2
W. Fink. 2005.
439 S., einige Schaubilder,
EUR 18,90, sfr 33,00

Bernhard Irrgang
Einführung in die Bioethik
UTB 2640 S
ISBN 978-3-8252-**2640**-4
W. Fink. 2005.
216 S.,
EUR 15,90, sfr 28,00

Alain de Libera
Die mittelalterliche Philosophie
UTB 2637 S
ISBN 978-3-8252-**2637**-4
W. Fink. 2005.
140 S.,
EUR 9,90, sfr 18,00

Johann Mader
Einführung in die Philosophie
Von Parmenides zur Postmoderne
UTB 8309 L
ISBN 978-3-8252-**8309**-4
WUV. 2005. 616 S., kart.,
EUR 24,90, sfr 42,70

Sverre Raffnsøe
Nietzsches Genealogie der Moral
Ein einführender Kommentar
UTB 2936 S
ISBN 978-3-8252-**2936**-8
W. Fink. 2007.
Ca. 128 Seiten, kart.,
ca. EUR 12,90, sfr 23,00
ET ca. 09.2007

Georg Römpp
Kant leicht gemacht
Eine Einführung in seine Philosophie
UTB 2707 M
ISBN 978-3-8252-**2707**-4
Böhlau. 2., verbess. Aufl. 2007.
302 S., 64 Abb.,
EUR 19,90, sfr 34,70

Reiner Ruffing
Einführung in die Geschichte der Philosophie
UTB 2622 M
ISBN 978-3-8252-**2622**-0
W. Fink. 2., durchg. Aufl. 2006.
294 S., 36 Abb.,
EUR 13,90, sfr 24,70

■ Reiner Ruffing
Philosophie
basics
UTB 2824 M
ISBN 978-3-8252-**2824**-8
Fink. 2006.
268 S., 5 Abb., 1 Foto,
EUR 15,90, sfr 28,00

■ Michael Ruoff
Foucault-Lexikon
Entwicklung - Kernbegriffe -
Zusammenhänge
UTB 2896 M
ISBN 978-3-8252-**2896**-5
W. Fink. 2007.
242 S.,
EUR 18,90, sfr 33,00

■ Sjoerd van Tuinen
Peter Sloterdijk
Ein Profil
UTB 2764 S
ISBN 978-3-8252-**2764**-7
W. Fink. 2., durchges. Aufl. 2007.
166 S., 1 Foto,
EUR 12,90, sfr 23,00

■ Elmar Waibl,
Franz Josef Rainer
**Basiswissen Philosophie
in 1000 Fragen
und Antworten**
UTB 2971 S
ISBN 978-3-8252-**2971**-9
facultas.wuv. 2007.
Ca. 160 Seiten, kart.,
ca. EUR 9,90, sfr 18,00
ET ca. 09.2007

■ Franz Josef Weber (Hrsg.)
**Platons Apologie des
Sokrates**
Mit einer Einführung, textkrit.
Apparat u. Kommentar
UTB 57 S
ISBN 978-3-8252-**0057**-2
Schöningh. 8., erg. Aufl. 2006.
160 S.,
EUR 12,90, sfr 23,00

■ Franz Martin Wimmer
Interkulturelle Philosophie
Eine Einführung
UTB 2470 M
ISBN 978-3-8252-**2470**-7
WUV. 2003. 264 S.,
EUR 20,90, sfr 36,40

■ Peter V. Zima
Theorie des Subjekts
Subjektivität und Identität
zwischen Moderne und
Postmoderne
UTB 2176 S
ISBN 978-3-8252-**2176**-8
A. Francke. 2., durchges. Aufl.
2007. 468 S.,
EUR 19,90, sfr 34,70

■ Thomas Zoglauer
**Einführung in die formale
Logik**
für Philosophen
UTB 1999 S
ISBN 978-3-8252-**1999**-4
Vandenhoeck & Ruprecht.
3., unv. Aufl. 2005. 176 S.,
EUR 12,90, sfr 23,00